U0725616

以教育现代化
助力强国建设

学习时报编辑部　编

人民出版社

前　言

　　教育是国之大计，党之大计。党的十八大以来，以习近平同志为核心的党中央坚定不移实施科教兴国战略和人才强国战略，坚持优先发展教育，教育现代化加速推进，取得了全方位的历史性成就。习近平总书记多次对教育工作作出重要指示和批示，强调要发展具有中国特色、世界水平的现代教育，为建设教育强国指明了方向。

　　2019 年 2 月，中共中央、国务院印发《中国教育现代化 2035》，这是中国特色社会主义进入新时代，党中央、国务院作出的重大战略部署，是贯彻落实党的十九大精神和全国教育大会精神、加快推进教育现代化的重要举措，要求各地区各部门要结合实际认真贯彻落实。

　　《中国教育现代化 2035》是我国第一个以教育现代化为主题的中长期战略规划，是新时代推进教育现代化、建设教育强国的纲领性文件。学习时报文化教育版第一时间开设了"聚焦教育现代化 2035"栏目，邀请相关权威专家撰稿，作者既有教育部相关部门领导，也有高校党委书记和校长，可以说，他们对于中国教育现代化具有重要的话语权。该栏目的系列文章，从教育现代化内涵、教育现代化理念、教育现代化实施路径、教师队伍现代化建设等不同角度建言献策。文章刊发后，产生了较为广泛的社会反响，现选编成册，以飨读者。

目　录

以教育现代化助力强国建设 …………… 马陆亭　1

准确把握教育现代化的内涵 …………… 芮鸿岩　6

坚持以人民为中心发展教育 …………… 刘　伟　11

讲好中国教育现代化故事 ……………… 于春迟　17

用好"目标"和"指标"的辩证法 ……… 童世骏　22

开创教育开放新格局 …………………… 刘　锦　27

加快制定基础教育质量评价标准 ……… 董　奇　32

加快推进大学治理体系和治理能力现代化…… 晏维龙　37

大学在创新驱动发展战略中的新使命 ……… 郝　平　42

创新教师教育体系建设　优化基础教育

　师资供给 …………………………… 任友群　48

构建注重全面发展的教育新格局 ……… 杨　明　54

推动教育与信息化深度融合 …………… 任友群　59

教育信息化缔造教育新生态 ……… 郭绍青 64

人工智能对教育的革命性影响 ……… 郭绍青 69

努力践行"更加注重面向人人"理念 ……… 王旭东 74

促进和实现人的现代化是高等教育现代化的

　　重要使命 ……… 刘　伟 80

加快实现教师队伍现代化 ……… 任友群 88

推进高等教育现代化应把握十个方面 ……… 王定华 94

跨界与融合:中国高等教育现代化的新动能 ……… 郝　平 100

以世界一流大学建设引领中国教育现代化 ……… 张军 105

思政课要面向现代化 ……… 刘丽敏 112

附录一　中共中央、国务院印发《中国教育现代化

　　2035》 ……… 117

附录二　中共中央办公厅、国务院办公厅印发

　　《加快推进教育现代化实施方案(2018—

　　2022 年)》 ……… 127

以教育现代化助力强国建设

马陆亭[*]

加快教育现代化,是党的十九大对教育的要求,也是推进国家治理体系和治理能力现代化的内在需要。作为一个发展中国家,教育现代化是一个有着目标指向的发展过程,外部目标体现在支撑社会主义现代化强国建设和满足人民对美好教育需求上,内部目标主要是建设教育强国和实现人的全面发展。这一实现现代化的过程,"建设"代表了对目标、方案设计的主观追求,"实践"体现着完成蓝图、创造未来的客观探索,二者构成了我国教育现代化的实现特征。

教育现代化首先是人的现代化。教育是使人社会化和不断自我完善的基本手段,在中国特色社会主义新时代,在

---

* 作者系教育部国家教育发展研究中心副主任。

教育全面普及化新阶段,需要更加聚焦人的本质内涵。立德树人是一个全面的概念,需要以德为先、能力为重、全面发展,因此是根本任务。"培养什么人、怎样培养人、为谁培养人"是关乎国之未来、党之未来的根本问题,培养一代又一代拥护中国共产党领导、践行社会主义核心价值观的接班人是教育的神圣职责;不仅要有伟大理想、道德情怀和社会责任感,还要有决胜未来的能力,因此要把理论知识、实践能力、创新思维培养贯穿教育全过程;体育锻炼体魄、美育丰富感知,今日的劳动教育就是孩子们未来的工作和生活,不仅如此,它们还共同对年青一代价值观的形成、智力和身心发育产生影响。这就是德智体美劳全面发展,是党的教育方针的组成部分。为了实现人的现代化,需要以先进教育思想为引领,加强教育内容和方法改革,推进教育治理体系和治理能力现代化,重视教师队伍建设,它们也构成了教育现代化建设的主要内容。当然,更需要坚持以人民为中心,把人民对美好教育的向往作为奋斗目标,这是我们发展教育的根本立场。

教育现代化必须尊重教育规律。青少年的受教育阶段,正是其身心发育长成的重要时期,有着不同的身体发育阶段和学习活动敏感期。成长过程是循序渐进、逐步提高的,教育活动应符合成长规律,在正确的时候做正确的事情,不能揠苗助长。例如,孩子该 10 岁时学的东西,你让他

7岁学了,事倍功半且不说,还极有可能影响孩子正常的身心发育及抑制好奇心、形象思维、创新力等,看似超前和好意,其实是好心办坏事。就像一棵果树,从幼苗开始,浇水、施肥、嫁接、修枝、开花、结果、防虫、收获环环相扣,该用力时不用力不行,不该用力时瞎用力也不对,用对了力、做对了事才能结出丰硕的果实,恰到好处才能事半功倍。我们需要科学论证青少年身体、心理、智力发展的阶段特征,分段制定成长标准,以作为发展素质教育的自然科学依据。然后再依据成长标准确立各学段的教育活动重点和教育内容模式,制定符合不同层次和类型教育特点要求的学校标准、学业标准和课程标准,在认知能力、身心发展、社会责任等方面提出相应要求。教育不仅仅是教室、课堂,现行教育教学活动与规律、标准不一致的地方,就是今后的改革内容。

教育现代化必须支撑国家发展。当今中国最鲜明的时代主题,就是实现"两个一百年"奋斗目标、实现中华民族伟大复兴的中国梦。广大学生恰逢其时,人生的黄金时期同建设社会主义现代化强国奋斗目标的实现完全吻合,将全过程参与完成这一伟大历史进程,乃人生之大幸,因此,教育的历史使命和责任重大。社会逐步由工业化阶段进入后工业、知识经济阶段,教育逐步从精英阶段发展到大众化和普及化阶段,各国也都逐步形成了与本国经济社会相适应的教育结构体系,教育与社会的匹配程度越高,国家发展就越健康。新一轮产业革命蓄势待发,科技发展前景将远超现时的认知,人工智能等重大技术创新将重构经济产业业态,经济增长模式由传统要素和投入驱动向创新驱动深度转型,面向未来不变的就是变化本身,创新创造创业成为发展的关键。教育发展还需要面向国家发展的重大战略,着力解决影响经济社会发展的重大关键问题,加强教育与主体功能区的深度融合,加强教育的扶贫扶智扶志工作,以信息化推进教育现代化,积极推动人工智能赋能教育发展。一代人有一代人的长征,一代人有一代人的担当,把小我融入大我,才能作出这代人的历史贡献。

实现教育现代化需要将扎根中国大地与扩大对外开放相结合。2014年,习近平总书记到北京大学考察时指出,世界上不会有第二个哈佛、牛津等,但会有第一个北大、清华等中国著名学府,强调我们要认真吸收世界上先进的办学治学经验,扎根中国大地办大学,从而指明了教育发展的时代之路。教育有着天然的民族文化基因,每一种教育模式都有其自身文化的适应性,越是民族的越是世界的。我们有着上下五千年的灿烂文明史,传统教育思想源远流长,融合于传统文化之中,内化为民族发展精神财富,自身也在发展演进,滋养着华夏文明的发展。学校的教育教学过程,实质上也是一个有目的、有计划的文化过程,不仅传播科学

4

知识和真理，而且培育文化精神和理想信念。扎根中国大地办教育，高等学校要把学问做到中国大地上，职业教育要实现产教融合，基础教育要更好发展素质教育。而开放仍然是教育科学发展的必要条件，教育是国家改革开放基本国策的先行者和受益者，反过来又助推了国家的发展，这是因为学校本身就是学习型、创新型组织，需要开放的环境，在经济全球化的今天，教育的开放意义将更加凸显。我们将以更大的力度推进教育的国际交流与合作，更好满足人民群众多样化的教育需求，更好服务经济社会发展全局，建成世界教育高地，为构建人类命运共同体作贡献。

我们需要立足国情面向世界，扎根中国融通中外，充分发挥我国的制度优势，尊重科学规律，用中国智慧、中国办法解决教育改革发展问题，走中国特色社会主义教育现代化道路。

（原文发表于《学习时报》2019 年 11 月 8 日）

准确把握教育现代化的内涵

芮鸿岩[*]

《中国教育现代化 2035》对标新时代中国特色社会主义建设总体战略安排，系统勾画了我国教育现代化的战略愿景，明确了教育现代化的战略目标、战略任务和实施路径。高等教育工作者要落实好培养社会主义建设者和接班人的根本任务，需要着重从以下三个维度准确把握中国特色社会主义教育现代化的基本内涵和要求。

学习贯彻习近平新时代中国特色社会主义思想是教育现代化的首要战略任务。教育具有政治、文化、经济等多种属性，一个国家的教育必然要与本国国情相适应。国情不同，教育的理念、体系、制度、内容、方法、治理模式等也会有

---

* 作者系南京工业大学党委书记。

所不同。我国教育现代化的本质特征，是中国特色社会主义教育制度下的现代化。党的十八大以来，习近平总书记就教育改革发展作出一系列重要讲话，提出一系列新理念和新思想，有力引领了教育事业的发展。2018年9月10日，习近平总书记在全国教育大会上发表重要讲话，就加快推进教育现代化、建设教育强国、办好人民满意的教育作出全方位部署，提出"九个坚持"。"九个坚持"是对党的十八大以来教育改革发展的成就和经验的系统总结，揭示了新时代中国特色社会主义教育发展规律。推进教育现代化，必须把学习贯彻习近平新时代中国特色社会主义思想作为首要战略任务，在全面准确把握其丰富内涵和精神实质的基础上，将其贯穿到教育改革发展全过程，落实到教育现代化各领域各环节。

落实立德树人根本任务是教育现代化的根本目标。根据规划，到2035年，我国要总体实现教育现代化，迈入教育强国行列，推动成为学习大国、人力资源强国和人才强国，为到本世纪中叶建成富强民主文明和谐美丽的社会主义现代化强国奠定坚实基础。教育现代化倡导先进的教育理念和教育制度，其根本目的是培养现代化的人，核心是围绕人的全面发展而展开。实现"两个一百年"奋斗目标、实现中华民族伟大复兴的中国梦，必须通过教育立德树人。基于此，习近平总书记指出，为谁培养人、培养什么样的人、怎样培养人是教育的根本问题。我国是中国共产党领导的社会主义国家,这就决定了我们的教育必须把培养社会主义建设者和接班人作为根本任务,这也是教育现代化的方向目标。习近平总书记要求,"把立德树人的成效作为检验学校一切工作的根本标准",强调要构建德智体美劳全面培养的教育体系,形成更高水平的人才培养体系;要把立德树人融入思想道德教育、文化知识教育、社会实践教育各环节,贯穿基础教育、职业教育、高等教育各领域,学科体系、教学体系、教材体系、管理体系要围绕这个目标来设计,教师要围绕这个目标来教,学生要围绕这个目标来学;立德树人要在坚定理想信念、厚植爱国主义情怀、加强品德修养、增长知识见识、培养奋斗精神、增强综合素质6个方面下功夫。

加强思想政治工作是教育现代化的首要之义。习近平总书记强调,要把思想政治工作贯穿教育教学全过程,实现全程育人、全方位育人,努力开创我国高等教育发展新局面。《中国教育现代化2035》提出要加强高等学校思想政治教育,不断提高学生思想水平、政治觉悟、道德品质、文化素养。高校党委担负思想政治工作的主体责任,要进一步健全和完善领导体制和保障机制,把思想政治工作纳入重要议事日程,党政主要领导都要熟悉、研究和推动思想政治工作,做到统一领导、各司其职、制度规范、高效运行。要增强政治意识，把牢社会主义办学方向，坚持不懈传播马克思主义，加强对意识形态工作的领导权、主动权，牢牢掌握意识形态工作管理权、话语权，筑牢思想政治工作阵地，引导广大学生扣好人生第一粒扣子，做社会主义核心价值观的坚定信仰者、积极传播者、模范践行者。要着力加强党的基层组织建设，提高党的基层组织做思想政治工作的能力。要引导广大教师坚持教书和育人、言传和身教、潜心问道和关注社会、学术创新和学术规范相统一，努力成为先进思想文化的传播者、党执政的坚定支持者、学生健康成长的指导者和引路人，建设一支"有理想信念、有道德情操、有扎实学识、有仁爱之心"的高素质教师队伍。要精心培养和组织一支会做思想政治工作的政工队伍，把思想政治工作做在日常、做到个人。要旗帜鲜明地办好思想政治理论课，建设"政治强、情怀深、思维新、视野广、自律严、人格正"的思政课教师队伍，发挥教师的积极性、主动性、创造性，推动思政课改革创新，不断增强思政课的思想性、理论性和亲和力、针对性。要不断创新思想政治工作内容和形式，运用新媒体新技术使工作活起来，推动思想政治工作传统优势同信息技术高度融合，增强时代感和吸引力。推进教育现代化，就要把加强思想政治工作作为首要之义，守护好思想政治工作这条学校各项工作的生命线,教育引导广大学生增强中国特色社会主义道路自信、理论自信、制度自信、文化自信,努力成为社会主义建设者和接班人。

（原文发表于《学习时报》2019 年 5 月 3 日）

坚持以人民为中心发展教育

刘 伟[*]

坚持以人民为中心发展教育,是习近平总书记关于教育的重要论述的重要内容。坚持以人民为中心发展教育,既是中国共产党的初心和使命,也是社会主义教育的根本特征;既是党执政为民的内在要求,也是我国教育改革发展的根本遵循。

坚持以人民为中心发展教育是中国共产党的初心和使命。教育的普及和人民群众科学文化水平的提高,一直是中国共产党人孜孜以求的奋斗目标。中国共产党从成立之日起,始终把以人民为中心发展教育与党在各个历史时期的奋斗目标紧密联系在一起。新中国成立后,我们党实现

---

* 作者系中国人民大学校长。

了教育工作的全面领导,把教育事业摆在了重要位置。以毛泽东同志为主要代表的中国共产党人,创立了社会主义教育制度,确立了社会主义教育方针与办学方向,赋予人民平等受教育的权利,对于中华民族整体文化素质的提高,对于中华民族永远屹立于世界民族之林,具有深远历史意义。中国特色社会主义进入新时代,习近平总书记关于教育的重要论述指明了以人民为中心发展教育的方向。教育改革发展要牢牢坚持为人民服务,为中国共产党治国理政服务,为巩固和发展中国特色社会主义制度服务,为改革开放和社会主义现代化建设服务,努力适应党和国家事业发展要求,不断满足人民群众期待,不断促进和实现公平而有质量的教育,使教育事业达到更高水平,真正使教育事业成为我们党全心全意为人民服务的先行者、受益者、助力者。

坚持以人民为中心发展教育是社会主义教育的根本特征。改革开放之后,中国共产党提出了教育优先发展战略,通过优先发展以最大限度满足人民群众受教育的需求,保障人民群众的受教育权利。党的十八大以来习近平总书记关于教育的重要论述,标志着我们党对社会主义教育规律的认识达到了新高度,为以人民为中心发展教育指明了方向、路径和方法。习近平总书记在全国教育大会上强调,坚持把优先发展教育事业作为推动党和国家各项事业发展的重要先手棋,不断使教育同党和国家事业发展要求相适应、同人民群众期待相契合、同我国综合国力和国际地位相匹配。这既是对我国社会主义教育制度性质的深刻总结，也为如何实现以人民为中心发展教育指明了方向，成为我国教育发展的鲜明价值追求。

坚持以人民为中心发展教育是满足人民对美好生活的需要。教育系民生之首，关系亿万人民的切身利益，是为人民服务的重要内容。党的十六大报告将"教育为人民服务"写入党的教育方针，党的十九大报告提出"办好人民满意的教育"的目标。党的十九大报告指出了新时代我国社会主要矛盾的新变化，办好人民满意的教育是党的全心全意为人民服务宗旨的具体体现，更是人民对于美好幸福生活的新期待，是新时代教育改革发展的动力和使命。2012年11月，在十八届中央政治局常委与中外记者见面会上，习近平总书记以"十个更好"回应人民关切，"更好的教育"，排在首位。教育既是国计，也是民生。办好人民满意的教育就是要着力解决教育发展不平衡、不充分的问题，让人民群众享有更好的教育。新中国成立70多年来，我国教育事业取得了历史性成就，为促进经济社会发展，满足人民群众受教育需求作出了历史性贡献。新中国成立时，全国高等教育在校生才11.7万人，高等教育毛入学率为0.26%。2002年毛入学率达到15%，进入高等教育大众化阶段。2012年以来，高等教育加快向普及化阶段迈进，

2018年在学总规模达到了3833万人，毛入学率为48.1%，高于中高收入国家平均水平。高等教育作为科技第一生产力和人才第一资源的重要结合点，是以人民为中心发展教育的重要方面，其发展水平和质量决定着国家竞争力和现代化的实现。

　　坚持以人民为中心发展教育是要不断促进教育发展成果更多更公平惠及全体人民。中国共产党十分重视教育公平，为促进和实现教育公平而不懈努力。习近平总书记十分关心人民群众的教育获得感，多次强调教育公平是社会公平的重要基础，努力让每个孩子都享有公平而有质量的教育，以教育公平促进社会公平。这些重要论述，既深刻阐明了我国教育的社会主义性质，又鲜明表达了我国教育的人民立场。新中国成立70多年来，我国已由人口大国成长为教育大国，现在正逐步迈向教育强国。今天所追求的教育公平，已经不再是简单的教育普及，而是通过经济社会发展和教育自身变革来实现更高水平的公平，即优质而公平的教育，公平而有质量的教育成为以人民为中心发展教育的新目标，其意义在于让每一个个体都有机会享有优质教育资源，都有得到发展的机会，都能成为有用之材。加快发展更加公平更有质量的高等教育就是要实现内涵式发展，加快一流大学一流学科建设，自觉在推进新时代中国特色社会主义伟大事业和实现中华民族伟大复兴的历史进程中明确学校定位和发展战略,探索具有中国特色、世界水平的现代高等教育发展之路。

坚持以人民为中心发展教育要致力于促进人的全面发展。马克思主义把公平正义的实现同人的解放和全面发展结合起来,阐明了人的发展是实现社会公平正义的标志,人的自由而全面的发展是构筑未来社会的原则和基石。教育通过促进每个个体的全面发展从而为所有人的发展和社会全面进步开辟了道路。习近平总书记在全国教育大会上指出,培养德智体美劳全面发展的社会主义建设者和接班人,为促进和实现人的全面发展指明了方向。在新时代,实现人的全面发展需要推进素质教育,多方面、全方位提高人的品德、知识、能力与素质,开发人的潜能,提升创新能力。新时代人的全面发展也需具备国际视野和国际理解能力。在致清华大学苏世民学者项目启动仪式的贺信中,习近平总书记深刻分析了世界发展的形势,指出"教育决定着人类的今天,也决定着人类的未来"。他深刻指出,教育应该顺此大势,通过更加密切的互动交流,促进对人类各种知识和文化的认知,对各民族现实奋斗和未来愿景的体认,以促进各国学生增进互相了解、树立世界眼光、激发创新灵感,确立为人类和平与发展贡献智慧和力量的远大志向。人才培养是高等教育的本质要求和根本使命,衡量高等教育质量的第一标准就是看人才培养水平。要着力构建高水平人才培养体系,牢固确立人才培养在高校工作中的中心地位,一切工作都要服从和服务于学生的成长发展,坚持立德树人,着力提高学生服务国家和人民的社会责任感、勇于探索的创新精神和善于解决问题的实践能力,真正培养出德智体美劳全面发展的社会主义建设者和接班人。

（原文发表于《学习时报》2019 年 11 月 22 日）

讲好中国教育现代化故事

于春迟[*]

在加快推进教育现代化、建设教育强国、办好人民满意的教育的伟大征程中,教育出版传媒应切实担负起自身职责,提供好服务支撑、发挥好应有作用。

着力筑牢教育意识形态阵地。教育出版传媒是党和国家重要的教育阵地、思想阵地、舆论阵地和宣传阵地。要坚持把政治建设摆在首位,坚决维护习近平总书记党中央的核心、全党的核心地位,坚决维护党中央权威和集中统一领导。要把意识形态工作摆在全局工作中突出重要位置,认真落实意识形态工作责任制,"攻""守"结合,守好建强社会主义意识形态阵地。"攻"就是要抢占制高

---

* 作者系中国教育出版传媒集团有限公司党委委员、副董事长。

点、掌握主动权,让主旋律更加响亮、正能量更加强劲,不断增强教育出版传媒在意识形态领域的传播力、引导力和影响力。"守"就是要坚持底线思维,时刻绷紧意识形态这根弦,绝不给错误思想和错误言论提供传播渠道。当前最重要的是,把教育出版传媒建设成习近平新时代中国特色社会主义思想传播的重要平台。要深刻阐释习近平新时代中国特色社会主义思想的重大意义、科学体系、丰富内涵、精神实质和实践要求,充分展现其思想高度、思考深度和思维广度,持续深入推动习近平新时代中国特色社会主义思想进课堂进教材进头脑。同时,要认真贯彻中央关于加强和改进出版工作的意见,切实抓好主题出版工作,要立足于培养担当民族复兴大任的时代新人,在培育和弘扬社会主义核心价值观、深化中国特色社会主义和中国梦宣传等方面,下更大气力,出更多好书。

着力提供高水平教材等基础性支撑。教育在人才培养中起着基础性作用,教材则在教育教学中发挥着基础性作用。教育出版传媒要坚决贯彻习近平总书记提出的"五个体现"要求,认真贯彻党中央、国务院关于加强和改进新形势下大中小学教材建设的意见,积极落实国家教材委的各项部署,全力加强各级各类教材建设。要坚决落实"统一编写、统一审查、统一使用"政策要求,全面加强基础教育和中职教育三科教材建设，认真做好高校"马工程"重点教材建设，大力推动大中小学教材一体化建设，加快推进具有中国特色、中国风格、中国气派的教材体系建设。要遵循学生身心特点和教育规律，不断增强教材的思想性、科学性、民族性、时代性、系统性，确保"体现马克思主义中国化要求，体现中国和中华民族风格，体现党和国家对教育的基本要求，体现国家和民族基本价值观，体现人类文化知识积累和创新成果"，确保为中国学生"打好中国底色"。同时，教育出版传媒还要下大力气抓好教育教学资源研发，自觉做先进教育理念的倡导者、先进教学模式的探索者、先进教学内容的传播者，不断推出学生乐学好学、教师乐用好用的优质教育教学资源，为教育教学提供基础性支撑。

积极参与校园文化建设并发挥独特作用。校园文化作为一种环境教育力量，对学生健康成长的作用日益凸显。教育出版传媒要积极投身校园文化建设，利用数字校园、校园院线等多种资源，进一步推动校园文化繁荣发展，大力促进以文化人、以文育人，积极配合各级各类学校开展理想信念教育，开展爱国主义、社会主义和集体主义教育，潜移默化、润物无声，引导学生形成正确的世界观、人生观和价值观。当前，要认真贯彻落实有关部门要求，充分发挥影视作品对广大师生思想引领和价值导航的重要作用,加快"全国校园电影院线"建设,大力推动主题电影进校园活动。

积极利用新技术手段,加快推进教育公平、建设学习型社会。数字技术、移动互联技术和人工智能技术正给我们的经济社会带来深刻的变化,无疑也在给教育带来深刻的变化。这些新技术的到来,让我们看到了加快实现教育公平的光明前景。教育出版传媒要积极顺应这一发展趋势,适应新时代教育教学需求,充分利用传统的内容资源优势,积极探索融合发展的新技术、新路径、新业态,着力打造在线个性化学习平台、教师在线培训服务平台、优质教育资源在线共享平台等各种在线教育资源服务平台,为真正实现"有教无类、因材施教"服好务,为教师专业化成长和发展服好务,为优质资源共享、加快实现教育公平服好务,为实现人人可学、随时可学、随地可学,加快学习型社会建设服好务。

此外,教育出版传媒还要积极向世界宣传介绍中国特色社会主义教育发展道路,大力推动具有鲜明中国文化特色的教育教学资源"走出去",向世界讲好中国教育故事、传播中国教育声音。打造一大批既符合中外人文交流精神又闪烁着中国思想光芒的教育出版传媒资源,深化与世界各国同行的合作,大力促进中外语言互通、基础教育资源共建、职业教育模式互鉴、高等教育全面合作、学术研究共同发展。积极响应国家"一带一路"倡议,对接"一带一路"沿线各国教育发展需求,为其提供富有中国特色的教育教学资源。

(原文发表于《学习时报》2019 年 6 月 28 日)

用好"目标"和"指标"的辩证法

童世骏[*]

《中国教育现代化2035》以及同时发布的《加快推进教育现代化实施方案(2018—2022年)》,在系统阐述教育现代化总体目标的基础上,细化了目标、分解了任务、排列了步骤、提出了措施。也可以说,党中央、国务院关于中国教育的这两个最新的纲领性文件,一方面用"指标"来展开"目标",另一方面用"目标"来统率"指标",很好地体现了"目标"和"指标"之间的辩证法。

教育现代化是一个宏大的社会工程,其合理性的首要前提,是它具有非常明确而系统的价值目标。《中国教育现代化2035》提出了八大基本理念,分别涉及教育活动功

* 作者系华东师范大学哲学系终身教授,曾任华东师范大学党委书记,现任上海纽约大学校长。

能(更加注重以德为先、更加注重全面发展)、教育服务供给(更加注重面向人人、更加注重终身学习)、教育教学方式(更加注重因材施教、更加注重知行合一),以及教育事业决策(更加注重融合发展、更加注重共建共享),对教育现代化目标作了科学而融贯的阐述。

但普遍的、抽象的价值目标,必须转化为可操作、可验证的实证指标。这种转化本身就是作为"社会现代化"之核心的"行动合理化"的要求。对于教育现代化来说,没有从价值目标向实证指标的转化,就无法从理论转到实践,无法把理想变成现实。以"实现基本公共教育服务均等化"的目标为例,为实现这个目标,我们要确保不同人群的受教育机会均等化,要针对由各种因素造成的困难群体采取重点帮扶措施,要在办学条件、师资配备和管理团队等方面推进普遍达标,等等。所有这些措施都可以具体化解为一些具体指标;只有细化为这些具体指标,中国教育现代化才可得到真正推进。

在实际工作中,指标与目标之间的复杂关系的实际意义,不可低估。对于一个地区或一所学校来说,指标作为目标的外在显示度,其相关表现的变化往往会很快引起教育环境和办学条件方面的相关变化,而这种变化会反过来对教育事业和办学工作造成实质性影响。一些地区和学校之所以重视经费、人才、奖励、升学率等指标上的表现,很大程度上是因为对地区教育状况和学校办学水平,领导、专家、家长和公众们往往只看当下的指标表现状况,而忽视长远的目标实现程度,只根据指标表现状况来进行教育评价和教育决策,而这种评价和决策往往会给相关地区和学校带来经费投入、师资和生源的流向等方面或积极或消极的变化。

总体上说,没有指标的目标是空洞的,没有目标的指标是盲目的。无论在宏观的社会工程的层面上,还是在微观的组织管理的层面上,都要防止因为指标与目标之间关系的多样性、间接性和变动性,而导致目标的空洞化和指标的盲目化这两种倾向。

指标与目标之间关系的多样性。在一定范围(尤其是全国范围)设定的价值目标,在不同地区、在同一地区的不同发展阶段上、不同发展环境中,往往需要通过不同的实证指标来加以实现。以"办人民满意的教育"这个价值目标为例,它在沿海和内地,在城市和农村,在老少边穷岛和其他地区,显然是必须体现为不同的实证指标的。在中国这样一个大国推进教育现代化,既要避免因为强调教育发展目标的一致性而在不同地区一刀切地设置和追求同样的教育发展指标,也要避免因为地区状况千差万别而忘记了,我们不仅有可能而且有义务通过各方面的精准扶贫,而确保民族大家庭各不同成员尽可能享有同样水平的各类教育。

指标与目标之间关系的间接性。在一定层面(尤其是抽象理念层面)设定的目标,要通过一系列指标来实现,而其中有的指标与目标的关系更加直接一些,有的指标则与目标的关系比较间接一些。以"发展中国特色世界先进水平的优质教育"的目标为例,有关教育理念水平、教育质量标准、课程建设要求、教材选用标准等方面的措施和要求,与优质教育目标的联系比较直接,而有关具体的课堂教学方法、班级组织形式、教材出版单位、家校联系方式和校企合作形式等要求,与优质教育目标的联系就是比较间接的了。相对于前一类指标,后一类指标的约束性应该更弱些。因此,无论是布置任务、下达指标的一方,还是落实任务、追求指标的一方,都要避免主次不分、本末倒置,以避免出现事倍功半、得不偿失甚至饮鸩止渴、南辕北辙的情况。

指标与目标之间关系的变动性。在一定时刻(尤其是发布行动纲领和实施方案的时候)设定的目标,根据该时刻的客观条件和主观认识所分解或"转译"的那些指标,它们之间关系的内涵,或它们之间关系的权重,是可能随着时间推移而发生变化的。当下中国教育所对应的经济基础、社会氛围、人口状况、产业需求、技术条件和国际环境等,显然不同于五年之前,也一定会不同于五年之后。而我们今天对教育目的、教育公平、教育质量、教育活力等的理解,与五年前相比有很大进步,相信随着新时代中国特色社会主义事业的发展,随着中国教育现代化事业的推进,我们的认识还会进一步提高。在坚定不移地瞄准建设教育强国目标的同时,根据客观条件的变化和主观认识的提高,及时调整作为教育现代化整体目标之组成部分、表现形式、实现措施和推进阶段的种种指标,将是确保《中国教育现代化2035》行动纲领行之有效、硕果累累的重要保障。

相对来说,国家教育现代化的顶层设计中已经克服了重视目标而忽视指标的倾向,而在教育现代化的中层推进和基层落实过程中,则要下更大力气克服只顾指标而忘记目标的偏向。《中国教育现代化2035》在提出推进教育现代化的八个"更加"的基本理念的同时,还提出了推进教育现代化的七个"坚持"的基本原则,为我们在推进教育现代化进程中用好指标和目标的辩证法,提供了切实指导:"坚持党的领导"和"坚持服务人民",是根本的保障;"坚持中国特色"和"坚持改革创新""坚持依法治教",是既避免盲目照搬西方指标,也避免违反教育发展普遍规律的向导;而"坚持优先发展"和"坚持统筹推进",则有助于通过教育发展具体指标的合理制定和有效落实,而确保教育事业有高水平可持续的发展。

(原文发表于《学习时报》2019年3月29日)

开创教育开放新格局

刘　锦[*]

　　党的十九大作出了优先发展教育事业、加快教育现代化、建设教育强国的重大部署。2018 年 9 月 10 日,习近平总书记出席全国教育大会并发表重要讲话,强调要"加快推进教育现代化、建设教育强国、办好人民满意的教育"。11 月 5 日,在首届中国国际进口博览会上,习近平总书记指出,要"加快电信、教育、医疗、文化等领域开放进程"。习近平总书记的重要讲话,为我们面向新时代,进一步做好教育对外开放工作,构建教育对外开放新格局,推进教育现代化建设,服务国家现代化建设提供了战略指引。

　　随着中国在全球格局中不断赢得主动、赢得优势、赢得

---

　　*　作者系教育部国际合作与交流司司长、港澳台办公室主任。

27

机遇,中国教育也大踏步走向世界舞台的中央。中国基础教育特色凸显、高等教育快速追赶,但与我国的总体国际地位相比,我们与世界教育强国之间的差距仍然存在。扭转这一局面,教育对外开放承担着重要使命,教育对外开放要在实现教育现代化中出实招、见实效。

第一,为新时代中国教育现代化提供新方案。中国的教育现代化,既要面向国内,具有中国特色,又要面向世界,直面全球竞争,借鉴全球经验。要及时捕捉全球新技术革命和产业革命带给教育的重大变革机遇,以开放促发展,以开放促进教育改革;要做好教育现代化的国际比较研究,从各国现代化教育发展战略和最新成果中,为中国教育现代化提供经验借鉴;要发挥中外合作办学示范作用,为深化教育改革开放探索路径与方法;要用好出国留学和来华留学,聚焦国家战略,为中国教育现代化提供高水平人力资源支撑。

第二,做好"一带一路"教育大文章。"一带一路"建设是习近平总书记从战略全局高度,对新时代我国对外开放作出的统筹谋划,也是对中国与世界合作共赢路径的顶层设计。中国教育对外开放要沿着"一带一路"给出的路线图,进一步厘清沿线各国教育互联互通的关键点,找准"一带一路"教育合作的切入点,精准出击,务求实效。一方面,要充分发挥中国政府奖学金引领作用,实施"丝绸之路"留学推进计划、师资培训推进计划、人才联合培养推进计划等重大计划;另一方面,也要大力推进沿线各国教育互联互通,促进沿线各国学生流动、学分学历互认,共同开发课程教材、教育标准,构建"一带一路"教育共同体。

第三,打造中外人文交流大平台。中外高级别人文交流机制经过多年建设,已经形成元首外交引领、高访带动、高级别机制示范、双边多边结合、国内国外统筹、中央地方联动、官方民间并举的工作格局,人文交流与政治互信、经贸合作共同成为中国外交的三大支柱。实践中,要充分调动各方积极性,形成广泛参与的体制机制,着力打造一批有国际影响力的人文交流品牌项目,丰富和拓展人文交流的内涵和领域。要深化与世界各国语言合作交流,促进语言互通。要进一步加强综合传播能力建设,讲好中国故事,传播中国声音,阐释中国道路。

第四,着力解决教育发展不平衡不充分的大问题。整体而言,我国教育对外开放地区、校际发展不平衡的趋势相对固化。东部省份,以外向型经济为主地区以及高层次学校教育对外开放程度较高,中西部欠发达省份、内向型经济地区以及普通学校教育对外开放程度较低;学生流动、教育合作的国家和地区以欧美等发达国家为主;以"引进来"为主,"走出去"还较为薄弱,"走出去"的区域主要集中在东南亚地区;多边人文治理参与不充分,在联合国教科文组织等国际组织中的人才输出不足,在培养、选拔、输送、保障国际组织人才方面仍存在一些短板。面向未来,要实现中国教育现代化,必须解决教育不均衡的问题,必须破解发展不平衡不充分的问题。关键要聚焦提质增效,着力实现"三个转化"。一是从规模向质量转化,更加注重规模和质量的协调性,完善留学服务体系,推动留学从高速度发展向高质量发展转变。完善合作办学审批及质量监管制度,加强境外办学指导,提升涉外办学水平,推动教育对外开放工作内涵式发展。二是从速度向实效转化,更加注重双向留学、中外合作办学、中外人文交流作用的发挥,增强教育对外开放工作的效益。三是从广度向深度转化,更加注重解决深层次问题和短板,通过统筹协调,完善教育对外开放布局。在国际上重点加强与"一带一路"沿线国家的务实合作,在国内重点支持中西部地区不断扩大教育对外开放的广度和深度。

第五,在全球治理中贡献中国大智慧。中国要实现全球教育现代化强国目标,必须在国际教育事务中发出中国声音、贡献中国智慧、体现中国作用。要在《教育 2030 行动框架》《APEC 教育战略》等国际公约中更加积极作为。要不断增强我们在联合国教科文组织及其他国际组织中的规则制定能力、议程设置能力、舆论宣传能力和统筹协调能力,展示中国理念、中国智慧和中国方案,推动全球人文治理体系变革。要进一步提升中国教育规则的制定能力,推进学历学位互认,为中国教育现代化赢得认可、赢得尊重、赢得未来,在国际教育交流和全球教育治理中发挥作用、贡献中国智慧。

第六,在教育对外开放中把握大方向。加强党对教育外事工作的全面领导,是教育对外开放保持正确方向的根本保证。要增强"四个意识",坚定"四个自信",做到"两个维护",在政治立场、政治方向、政治原则、政治道路上同党中央保持高度一致,把牢教育对外开放的大方向;要落实党的组织和党的工作在教育对外开放重要领域全覆盖,确保党的路线方针政策在教育外事系统不折不扣地贯彻执行;要推动教育对外开放主动融入教育中心工作,充分发挥各级党组织在教育对外开放目标任务、人才培养、干部管理等工作中的领导作用;要抓好教育对外开放重点领域党的建设,加强对中外合作办学党的建设工作的检查督查,确保工作落实到位,保障教育对外开放安全、平稳推进。

(原文发表于《学习时报》2019 年 6 月 21 日)

加快制定基础教育
质量评价标准

董 奇[*]

  党的十九大报告指出，中国特色社会主义进入新时代，我国社会主要矛盾已经转化为人民日益增长的美好生活需要和不平衡不充分的发展之间的矛盾。这一主要矛盾在教育领域具体体现为人民群众日益增长的对高质量教育的需要和高质量教育不平衡不充分的发展之间的矛盾。所以，加快教育现代化，办好人民满意的教育，关键在于切实提高教育质量。习近平总书记在全国教育大会上明确指出，要坚持中国特色社会主义教育发展道路，培养德智体美劳全面发展的社会主义建设者和接班人。这就要求我们应当把

---

 * 作者系北京师范大学校长。

促进学生全面发展作为提升教育质量的根本任务与最终旨归。

虽然我国基础教育发展已经取得了举世瞩目的成绩，但仍存在一些突出问题。这集中表现为应试教育问题仍较严重，素质教育推进较为困难，过分强调分数和升学率的现象仍广泛存在等。要克服"唯分数""唯升学率"的顽瘴痼疾，促进学生的全面发展，就需要建立起科学的、以素质教育为导向的基础教育质量评价体系，从根本上解决教育指挥棒的问题，利用评价撬动教学、课程、学校管理和教育行政等多领域的综合改革。

我国在基础教育质量评价方面已经进行了诸多卓有成效的探索，如开展义务教育质量监测，组织学校办学质量评价，推动县域义务教育均衡发展督导评估等，但迄今为止，仍未形成权威的、全国性的国家基础教育质量评价体系。

制定基础教育质量评价标准是建立健全基础教育质量评价体系的前提和基础，也是当务之急。基础教育质量评价标准是依据基础教育的目的构建的一整套指标体系及权重分配、信息搜集、水平划分等的说明与方法，是人们评价基础教育质量的依据与尺度。也就是说，评价标准可以告诉我们：什么是好的基础教育，以及如何对当前的基础教育质量加以衡量。中共中央、国务院印发的《关于深化教育教学改革全面提高义务教育质量的意见》明确提出，建立以发展素质教育为导向的科学评价体系,国家制定县域义务教育质量、学校办学质量和学生发展质量评价标准。这说明,基础教育质量评价标准的制定已经进入政策议程,而研制"三个评价标准"则是构建整个基础教育质量评价标准体系的重点与突破点。

在研制"三个评价标准"的过程中,需要特别注意以下四个方面的问题,这样才能保证标准的科学、好用与有效,保证基于标准的评价能够真正促进学生的全面发展。

一是标准如何更好地体现学生全面发展的要求。制定"三个评价标准",最为根本的任务就是贯彻落实党和国家的教育方针,推动学生全面发展。所以,标准要加强对学生全面发展质量的关注与阐释,利用指标体系说明学生全面发展的维度、具体表现、水平划分,并为学生全面发展质量的评价提供具体的方法手段。特别需要扭转过分强调分数的智育评价、阐明如何对学生"美"和"劳"等领域素养进行评价。标准还要加强对影响学生全面发展的关键因素的关注与阐释,从过分关注硬件设施等保障性因素转向注重教师教学、课程建设、学校管理等过程性因素和教师的教育教学理念、校长的管理理念、地方党委和政府对教育内涵发展的重视等导向性因素。以学生全面发展为根本价值,通过评价标准明确教师应该怎么教、学校应该怎么办、党和政府应该怎么管。

二是如何提高标准的科学性。科学性是评价标准合法性的基础,是其得以贯彻落实的前提。这就需要在以下方面下功夫:要广泛听取社会各界对现阶段基础教育发展及其评价的意见与要求,使标准体现最大民意;要基于理论研究、国际经验、实证调研等科学研究过程形成指标体系,让标准具备理论基础、符合国际趋势、反映现实诉求;要形成规范的、可操作的方法,这样才能确保对科学指标的有效测量。

三是如何切实发挥标准的导向作用。标准应该成为教育改革的指挥棒,特别是成为地方党委和政府如何管教育的指挥棒。但是这一作用不能仅依赖文件和理论要求,更应形成强有力的制度。其一,可以设置红线和底线指标。在破除应试教育顽疾等老大难问题方面,需要有壮士断腕的决心,一旦触碰红线、底线,要有强有力的问责。其二,需要建立公示、约谈、问责等制度。在质量评价后,可以对地方、学校的教育质量水平进行公示,对提升教育质量工作不力的行政人员和学校管理人员特别是对地方党委和政府主要负责人,进行约谈与问责。这样才能明确各主体特别是党委和政府在推动素质教育、促进学生发展方面的主体责任,帮助其树立科学的教育政绩观。

四是如何确保标准可以落地操作。首先要厘清标准的定位。教育质量评价标准的出台,应当带动教育评价相关标准的统整与更新,成为督学、督政、监测、教育考核等评价工作的根本依据。然后要形成配套方案。特别是要形成有效的评价方法,充分考虑区域差异与学校差异,因地制宜。最后要提供专业的解读与支持。在标准出台后,需要深入开展关于标准的解读与培训,为地方提供来自高校、研究机构的专业支持,在"做"中学,提高政府、学校等主体基于标准开展评价的能力,助力于其教育治理能力的提升。

（原文发表于《学习时报》2019 年 10 月 18 日）

加快推进大学治理体系
和治理能力现代化

晏维龙[*]

大学治理是国家治理的重要组成部分,大学治理现代化既是国家治理体系和治理能力现代化对大学治理提出的目标要求,也是扎根中国大地办好中国特色社会主义大学的根本保障。

(一)建设高等教育强国,迫切需要加快
推进大学治理现代化

实现高等教育内涵式发展的需要。随着我国高等教育

* 作者系南京审计大学党委书记。

由大众化阶段向普及化阶段的历史性转变,为满足社会对高等教育日益增长的强烈需求,一些大学选择了规模扩张的发展道路,但如果盲目追求"大而全",很容易导致目标定位多样,各种矛盾凸显。因此,提升大学治理能力,解决影响大学高质量发展的制度性、结构性问题,才能为大学落实立德树人根本任务、产出创新性科研成果、更好服务社会发展等组织目标的实现提供坚实保障,才能促进高等教育内涵式发展,提升中国高等教育的国际影响力和竞争力。

建设"一流大学、一流学科"的需要。2018 年,习近平总书记在北京大学考察时强调,要抓住培养社会主义建设者和接班人这一根本任务,努力建设中国特色世界一流大学,加快构建充满活力、富有效率、更加开放、有利于学校科学发展的体制机制。这一重要论述不仅为世界一流大学建设指明了方向,更对大学内部治理提出了更高要求。"一流大学"与"一流学科"的建设不仅需要通过改善政策环境来增加教育投入、提升办学条件,更需要完善现代大学制度、优化大学内部治理结构,从而实现一流治理。如果说前者是一种依靠外力的要素驱动,后者则是一种通过组织治理创新、激发内部活力的效率驱动。两者如"鸟之两翼、车之两轮",在"双一流"建设中缺一不可。

适应信息化时代的需要。随着现代信息科学技术的飞速发展,大数据、人工智能、区块链、云计算等新兴科技在社会各领域日益广泛应用,教育领域也不例外。高等教育系统位于科技前沿,其价值理念、发展形态、供给方式和教学模式等各方面各环节各要素正发生根本性、革命性变革。聚焦到大学治理,现代信息科技既为大学治理提供了先进的手段,为推进大学治理水平现代化提供了技术支持,同时也对大学治理的有效实施、信息公开、成本控制等提出了前所未有的挑战。在推进大学治理现代化过程中,如何有效利用现代信息科技,积极应对信息技术可能带来的各种风险与挑战至关重要。

(二)坚持社会主义办学方向,
规制大学的外部治理

中国大学在组织设计和制度安排上有其自身的特殊性,其中,党委领导下的校长负责制是中国大学在领导体制机制方面的制度优势和鲜明特色。中国大学治理现代化必须坚持和加强党的全面领导,根植中国土壤、中国文化,把中国特色社会主义道路自信、理论自信、制度自信、文化自信转化为办好中国特色世界一流大学的自信。同时结合实际有所选择地吸收借鉴世界大学的治理成果和成功经验,探索现代大学治理的"中国之治"。

同时,良好的大学治理离不开社会监督,社会参与是大学治理的重要维度。社会机制作用于大学治理的形式表现为需求、参与和监督,相应地,现代大学需要满足社会多样化的需求,承担社会责任,接受社会监督。在大学治理中,既需要社会力量的积极介入和参与,增强大学治理的公开性和公益性,同时也要保持大学的理性追求与内在发展逻辑。大学需要承担社会责任,但要规避市场规则的缺陷和功利主义的负面影响,为社会提供"真正学术性的、科学的、适度的服务"。大学需要与社会保持良好的关系,既走近社会、了解社会、服务社会,又要与社会保持适度的距离,遵循大学自身的发展逻辑,消解市场化、工具主义带来的不良影响。

(三)完善管理体制运行机制,改进大学的内部治理

大学治理效率不同于行政系统的效率,大学治理效率的评价标准是大学在人才培养、知识创新、社会服务等方面的贡献度。提高大学治理效率需要思考大学如何在党委领导、行政系统支持下,充分激活大学学术系统的活力和能

量。大学治理现代化应以提高治理效率为理念,遵循高等教育规律、教书育人规律和科学研究规律,谋求大学治理模式系统性转型。

建立科学的决策机制、高效的执行机制、完善的监督机制是推进大学治理现代化的过程性保障。在决策过程中要充分发挥党委领导、校长负责、教授治学、师生参与的作用,并加强前期预研、中期跟踪、后期评估,提高决策的前瞻性和科学性。在决策执行中,需要通过激活主体参与、创新激励考核制度、建立督查制度等方式,全面提升重大决策的执行力。建立完善的权力监督机制也不可或缺,大学需要通过规范权责边界,加强程序规则建设,畅通信息公开渠道,建立健全问责机制,全面提升大学治理能力和水平。

(原文发表于《学习时报》2019 年 12 月 6 日)

大学在创新驱动发展
战略中的新使命

郝 平[*]

2018年5月2日,习近平总书记在北京大学考察时深刻指出,高校是科技创新体系的重要组成部分,高校科研人员是我国科技创新的重要队伍。当下,高等教育和高新技术产业的发展趋势都发生了深刻变化,深度融入科技创新体系、加快科技创新成为新的时代背景下大学发展的内在要求,大学人才培养、科学研究、对外合作等方面的优势也在科技创新体系中发挥着越来越重要的作用。大学应自觉将这些优势转化为创新驱动发展战略中的新使命。

大学提供了培育科技创新人才的"沃土",要始终坚持

---

* 作者系北京大学校长。

面向人才培养的创新,将多元化创新能力的培育融入立德树人全过程。"第四次工业革命"对科技创新人才的素质提出了更高的要求。随着科技体系和知识体系的更新迭代加速和社会分工的日益细化要求有更加专业的技能,各种高度复杂的问题需要有更加全面的视野来进行分析和解决,这就要求大学培养的创造型人才,既具备复合知识背景和开放、包容、协作的精神,又要在特定方向钻研精深,具有创新、探索、终身学习的能力。

纵观各国当前的高等教育变革,有两个明显的趋势:一是积极顺应科技经济一体化的要求,建立多类型、多层次人才培养体系,更好地服务经济社会发展需要;二是强调全面知识教育与创新能力教育相结合,重视塑造学生发现知识、创造成果、交流合作等方面的能力。

当前,我国高等教育在人才培养方面成绩显著,不同大学根据自身学科特色和发展基础,分层、分类培养科技创新体系中的不同人才,一大批尖端创新创业人才具备国际竞争优势,一大批技术及管理骨干成为产业界的核心力量。同时也应当看到,我国大学的人才培养或多或少地还存在某些方面的不适应和不足,急需培养具有创新精神、专业而系统的知识体系,并能创造性解决复杂实际问题的高端创新创业人才。

为此,大学的人才培养首先应该围绕创新战略规划不断进行优化调整,形成学术人才、创新人才、职业人才等多层次相对完整的人才梯队。大学要持续开展创新创业教育,形成长期的校园创新文化氛围。其次,大学要为学生成长、成才提供优质的育人环境。大学要让学生成为学习的主体和中心,充分利用信息技术等手段,赋予学生更多的学习选择,激发他们的求知欲、探索心、创造力,为学生提供更好的学习和成长体验。

大学提供了研发科技创新成果的"根基",要继续深化基于学科跨界的创新,营造鼓励创新的科研文化和制度环境。任何创新性研究成果的产出,都根植于深厚的基础研究。基础研究往往周期长、风险高。与企业严格控制成本收益的经营逻辑存在一定矛盾,但开展基础研究却是大学的立校之本,很多大学都为基础学科营造了宽松自由的学术氛围。从这一点来说,大学立足于基础研究开展的创新活动具有得天独厚的优势。

另外,重大原始创新成果往往产生于学科交叉领域,固守原有的学科结构,已经很难适应现代科技的发展形势。习近平总书记在北京大学考察时强调,要加强学科之间的协同创新,加强对交叉学科群和科技攻关团队的支持,培养造就更多具有国际水平的科技人才和创新团队。

为此,大学一方面要保持对基础研究的持续投入,为基础研究营造宽松的学术氛围,让师生自由地探索创新;另一方面,要以前沿和关键性问题为导向,统筹多学科的顶层设计,为跨学科研究提供体制机制保障,聚焦重大科技问题进行攻关,实现重大科技创新和突破。

大学在重视基础研究、制定创新目标及任务时,一方面要公开遴选团队承担课题式项目,解决目标相对明确的创新问题;另一方面更要重视设立长期的平台式、团队式项目,遴选出高水平创新团队给予稳定支持,让其在一定范围内相对自主选题,并以高质量研究结果为依据进行周期性调整。这种做法可以充分发挥一线单位和人才的创造性,解决一些具有全局性、模糊性、独特性的创新任务,较好地应对科技创新过程中的不确定性。

大学提供了应用转化创新成果的"原点",要持续扩大体现开放融合的创新,积极拓展产学研用链条,服务经济社会发展。数字时代的科技创新已经发生了深刻变化,大学与企业等组织在创新链条上的界限日益模糊,应用驱动型的产业界创新模式更能够与快速迭代的创新节奏相匹配。与此同时,没有外部环境提供的资源支撑,大学也难以获得持续发展的机遇和保障。

因此,开放融合越来越成为高等教育发展的趋势,大学将逐步升级为一个以文化传播、知识技术创造和人才培养为核心的文化、科技、经济、社会融合体,联系更广泛、体系更完善的大学将具有更大的竞争优势。

在科技创新成果应用转化的全链条中,大学作为促进知识生产、知识储存向知识应用流动的"原点",既是基础研究和应用研究成果产出的起点,也是成果测试、完善、投产等流程中的关键节点。为适应和解决创新固有的不确定性,大学和企业、政府等其他创新主体彼此互融,大学准确了解产业需求而获得方向,产业及时掌握大学突破而获得支撑,形成相互推动的创新共同体。

当前,我国很多大学都在积极推进产学研用的跨界融合,探索与政府、企业、科研院所等多方共建的新型研发组织模式,在助力地方发展、服务国家战略的过程中实现知识、技术、产品与产业的协同创新。然而,长期以来,我国大学的科研成果转化率并不高。

为此,大学要把服务经济社会发展融入办学精神中,加快完善技术转让、技术入股等科技成果转化的制度建设,优化资源配置,充分调动科研人员积极性,促进科技成果向现实生产力转化。"研发代工"就是一种值得探索和借鉴的产学研高效协同创新模式。企业提供稳定的研发经费,并把自己的研发中心建在大学或科研机构里,由专业科研人员负责运行。这一模式可以充分利用大学的优质智力资源,有效解决企业尤其是中小型企业技术研发能力不足的难题。

大学也应该借鉴"围绕创新链组织人才链"的思路,探索组建科学技术产业一体化的、具有弹性的任务型攻关团队或新型研发机构，深度参与地方高新技术产业基地建设，推动科技势能转化为经济动能。

（原文发表于《学习时报》2019 年 12 月 27 日）

创新教师教育体系建设
优化基础教育师资供给

任友群[*]

　　教师教育是教育事业的工作母机,是教师队伍建设的源头活水,是提升教育质量的动力源泉。《中国教育现代化2035》提出,"健全以师范院校为主体、高水平非师范院校参与、优质中小学(幼儿园)为实践基地的开放、协同、联动的中国特色教师教育体系"。基础教育在国民教育体系中处于基础性、先导性地位,教育现代化关键是教师队伍现代化,教师队伍现代化呼唤构建新时代中国特色教师教育体系。

---

*　作者系教育部教师工作司司长。

（一）中国特色教师教育体系逐步形成

新中国成立 70 多年来，教师教育体系伴随国家建设发展、教育改革前进的步伐，在探索中发展，在改革中创新，形成了中国特色，作出了世界贡献。

教师教育体系从封闭走向开放。从 1949 年至 1996 年，我国共召开过五次全国师范教育会议。新中国成立初期百废待兴，我们借鉴苏联，确立我国师范院校培养各级教育师资的基本方略；恢复高考、改革开放，将师范教育定位为教育事业的工作母机，提出建立健全师范教育体系；20 世纪 90 年代中期提出世纪末"两基""两全"任务，明确必须把师范教育放在教育事业中优先发展的战略地位。20 世纪末 21 世纪初，为落实科教兴国战略，全面推进素质教育，对新时期教师教育提出转型要求。自此，教师教育体系从师范教育走向开放的教师教育，从中师、师专、本科的"旧三级"向专科、本科、硕士"新三级"升级，从职前教师培养向职后教师培训延伸。2010 年，《国家中长期教育改革和发展规划纲要（2010—2020 年）》明确指出，构建以师范院校为主体、综合大学参与、开放灵活的教师教育体系。

教师教育体系有力支撑教育改革发展。我国的教师教育体系强调师范性,注重师范文化建设和中华师道传承。教师教育体系近年来逐渐发展完善,涵盖了中学、小学、幼儿园、特殊教育学校、中等职业学校五类教师,包括研究生、本科、专科等多个层次,涉及师范大学、师范学院、师范高等专科学校、中等师范学校、综合大学、综合学院、高等职业学校等多种类型学校,满足了不同层次、不同类型、不同地域的学校对教师的需求。2018年,我国共有51万余所中小学近2.4亿学生,建成了世界上最大规模的教育体系,教育总体发展水平进入世界中上行列。没有稳定的教师教育体系,就没有相应规模和保障的师资来源,基础教育的改革和发展必将失去保障。中国特色的教师教育体系对我国公平而有质量的教育提供了有力的支撑。

(二)当前教师教育体系的痛点与难点

党的十八大以来,以习近平同志为核心的党中央高瞻远瞩、审时度势,全面谋划新时代教师队伍建设工作,教师教育体系不断完善。《中国教育现代化2035》提出,到2035年要总体实现教育现代化,迈入教育强国行列。必须清醒地认识到,一方面,基础教育改革发展对教师教育质量的需求日益提升;另一方面,当前教师教育体系结构水平距离新时代对教师队伍素质的要求尚有差距。

教师教育体系结构有待完善。目前,全国共有 605 所高等学校举办教师教育,其中师范院校 199 所,非师范院校 406 所。在全国世界一流大学建设高校和一流学科建设高校中,仅有极少量师范大学和综合性院校承担本科师范生培养工作。除 6 所教育部直属师范大学外,承担本科师范生培养工作的教育部直属高校屈指可数。师范院校中师范生比例偏低,教师教育资源不集中、师范文化氛围不足。灵活开放的教师教育体系已经形成,但院校数量偏多、资源较分散、高水平大学参与不足,教师教育体系结构有待完善。

教师教育体系水平亟待提高。目前我国本科及以下师范生占绝大多数,而教育硕士比例较低。虽然学前教育专业专科及以上毕业生已达到一定规模,但由于幼儿园教师待遇编制等吸引力不足,仍有不少毕业生没有进入幼儿园从教。此外,不同程度上还存在着教师教育师资队伍边缘化、师范生生源质量不高、教师教育质量保障体系尚未完全建立等现象。因此,教师教育体系的水平亟待提高。

（三）面向教育现代化构建新时代
中国特色教师教育体系

面对新形势、新任务，教师教育体系必须转型升级，提升服务基础教育的能力，面向教育现代化加快构建新时代中国特色教师教育体系。

做优做强师范院校。师范院校是办教师教育的主体，要确保师范院校愿意办教师教育、办更多教师教育、能办好教师教育。一是立标准。建立师范院校建设标准，把好入口关。服务国家基础教育改革发展，优化师范院校布局结构。二是强投入。建设一批师范教育基地，发挥示范引领作用。提高师范专业生均拨款标准，提升教师教育保障水平。三是提层次。教育硕士、教育博士授予单位及授权点向师范院校倾斜，扩大研究生培养规模。加强五年制专科层次幼儿园教师培养。四是优师资。加大教师教育师资培养力度，在专业发展、职称晋升和岗位聘用等方面予以倾斜支持。推进高校与中小学、行业企业共建共享师资。五是抓评价。师范院校评估要体现教师教育特色，确保师范院校坚持以教师教育为主业。推进师范类专业认证，建立持续改进的师范质量文化。

支持高水平综合大学开展教师教育。从国际范围来看，一些高水平综合大学都开设了教师教育项目课程，专门为基础教育培养师资。从历史沿革来看，我国很多高水平综合大学都有师范教育基础。高水平综合大学具有多学科交融、课程体系丰富、学习内容选择面广等特点与优势，能够培养具有宽厚知识基础和综合文化底蕴的复合型人才，有利于吸引优质生源。目前，国内最好的几所高水平综合大学已经有一定数量的毕业生进入国内顶尖高中任教，近日，先后有多所高水平综合大学开办高等师范教育，培养基础教育人才。要努力创造条件，推动一批有基础的高水平综合大学成立教师教育学院，设立师范专业，整合优势学科的学术力量，凝聚高水平的教学团队，开设厚基础、宽口径、多样化的教师教育课程，积极参与基础教育教师培养培训工作。

构建新时代中国特色教师教育体系，我们要做到师范院校和综合大学两手抓，扩大教师供给渠道，提升教师供给质量，培养大批与教育现代化相适应的高素质专业化创新型教师，提升服务基础教育能力。同时要提高教师地位待遇，确保不论师范院校还是综合大学的优秀毕业生愿意从教、长期从教、终身从教。教师教育也将在转型中提挡升级，必将迎来更多的发展机遇。

（原文发表于《学习时报》2019 年 10 月 25 日）

构建注重全面
发展的教育新格局

杨　明[*]

　　教育现代化的核心是人的现代化,最终目的是实现人的自由全面发展。加快推进教育现代化,必须牢牢把握立德树人这一根本任务,牢固树立"更加注重全面发展"的理念,加快构建与全面发展相适应的教育新格局。

　　坚持以德为先。教育的首要任务是培养人,首要问题是培养什么人。"才者,德之资也;德者,才之帅也"。在中国传统教育理念中,"传道"先于"授业"的观念源远流长、影响深远。放眼全球,价值引导、道德教化也始终伴随着各国教育发展的全过程,成为强化国家认同、塑造国民精神的

──────────

　　* 作者系南京艺术学院党委书记。

重要内容。正如习近平总书记所指出的，"古今中外，每个国家都是按照自己的政治要求来培养人的"。因此，我们办中国特色社会主义教育，就是要旗帜鲜明地坚持马克思主义的指导地位，理直气壮地将"立德树人"作为教育的根本任务，把德育作为实现人的全面发展的基础性工程，贯穿到"智育""体育""美育""劳动教育"的各方面全过程，努力培养品德端正、全面发展的优秀人才。

提升综合素养。区别于传统基础教育阶段的应试教育和高等教育阶段的专才教育，全面发展的教育理念，强调的是对受教育者潜能的充分激发，使之在精神、道德、智力、知识、技能、体魄、审美等方面得到综合全面的发展。从20世纪90年代开始，伴随着素质教育的逐步实施，强调综合素养的人才培养观念逐渐被全社会广泛认同。但受到传统教育体制机制的制约和教育功利主义等因素的影响，迄今为止，应试教育、专才教育等教育模式仍然占据主导地位，这既有悖于人才成长的客观规律，也不适应当下知识融合、科技创新对复合型、创新型人才的需要。当前，各国在多元领域的人才竞争愈演愈烈，这要求我们必须主动顺应时代发展和国际竞争的新要求，以促进人的整体发展和综合提升为目标，加快推进教育的理念创新和模式创新。要推进基础教育回归"基础"，着眼于长远发展、着力于打好基础，全面提升学生的道德品质、科学素养、文化素质、身体心理、审美能力和劳动技能等基本综合素养,充分激发学生学习的兴趣,培养探索的精神。要推进高等教育实现"融通",在培养目标上,突出"基础知识宽、专业水平高、创新能力强、综合素质优"的综合性人才标准;在培养模式上,强调建立课程思政与思政课程相配合、专业基础课程与通识核心课程相结合、专业培养与跨专业培养相融合的全方位育人格局;在培养方式上,注重形成教学与科研互动、课堂与实践互融、传统线下教学与慕课等线上教学互补的多元化教学体系,着力培养具备宽厚的基础、广阔的视野、卓越的能力、全面的素质和健全的人格的高素质人才。

注重个性发展。全面发展与个性发展看似矛盾,实则蕴含着人对教育需求的普遍性与特殊性相统一的辩证关系。一方面,人的社会化的过程实际上就是认同道德、习得知识、锻炼技能和培养审美的过程。因此,全面发展是个体成为"社会化的、完整的人"的必要前提。另一方面,作为能动的、可塑的,并具有不同禀赋和特质的个体,每个人对不同的教育层次、教育类型等均有不同的需求,这就客观上要求教育在注重全面发展的同时,必须尊重不同受教育者的差异性,做到全面发展和个性发展的相统一。一是要在"教"方面做到"因材施教",牢固树立"以学生为中心"的教育教学理念,根据学生不同认知水平、学习能力、兴趣特长和自身素质,提供满足个性化发展的教育教学供给,创新教学效果评价和学生升学选拔机制,为每个学生提供"适合的教育"。二是要在"学"方面提倡"自主学习",改变以灌输为主的传统教学方式,推行启发式、探究式、参与式、合作式等体现学生主体性的教学方法,激发学生主动学习的兴趣和热情;要重视培养学生自主学习、自我选择的意识和能力,推行走班制、选课制等教学组织模式,扩大各类选修课程的设置比例,为每个学生创造自我成长的空间。

倡导终身学习。人的全面发展属于历史的范畴,其内涵和标准受所处特定历史条件下的生活方式、外部环境和社会分工的影响,是动态的、不断变化的。当今世界,文明的碰撞与交融日益深化,科技革命、产业革命的浪潮不断奔涌,网络化、信息化、数字化发展日新月异,百年未有之大变局对人的各方面能力素养不断提出新要求。在此背景下,教育要实现人的全面发展,就必须跳出学校教育的视域,将社会成员的学习生涯、职业生涯和社会生活的全过程纳入其中,积极构建服务全民的终身学习体系。一是在学校教育阶段,要在注重基本素质素养综合提升的同时,强调受教育者良好学习习惯和学习兴趣的养成,为以后的学习储备充足的潜能和势能。二是在职业发展阶段,要注重发展继续教育和职业培训,加强职业资质、专业职称的认证与管理工作,为劳动者的职业发展和专业技能提升提供充分的教育支持。三是要形成倡导终身学习的社会氛围和制度环境,围绕推进学习型社会建设,建立健全相关制度机制,广泛宣传全民学习、终身学习的观念。大力推广全民阅读活动,扩大社区教育资源供给,积极推进学习型组织、学习型单位、学习型社区、学习型城市建设,形成广泛而浓厚的终身学习氛围。

（原文发表于《学习时报》2019 年 7 月 19 日）

推动教育与信息化深度融合

任友群[*]

半个世纪以来,全球发展的时代标签逐渐从"后工业"转变为"信息化"。遥想改革开放之初的 1983 年,未来学家阿尔温·托夫勒的《第三次浪潮》首次被译介入国内,书中所提出的"信息化时代"引起了国人瞩目。其时,因特网才刚刚进入历史舞台,虽然无数人为托夫勒的预言所激励,但恐怕少有人能相信数十年内全球将掀起"信息化"的巨浪。三十多年后的今天,当大数据、人工智能、区块链、5G等接踵而来时,我们感叹"托夫勒走了,世界依然活在他的预言里"。

与工业化时代由大机器、大工业和大量人员所从事的

大规模流水线生产方式不同,信息成为信息化时代的关键资源。具备信息获取、信息传递、信息处理、信息再生、信息利用功能的以计算机为代表的信息化生产工具成为社会主要生产力。而"信息化"就是这个培养、发展以信息化工具为代表的新生产力,并使之造福社会的历史过程。在今天的语境中,"信息化"既是对经济、社会等诸领域所发生变化的实然描述,又是对国家发展方向与目标的应然指称,世界各国(尤其是发达国家)早已把"信息化"作为国家发展的核心战略。

今天,工业信息化、商业信息化、医疗信息化、金融信息化、政务信息化等的层出不穷不仅正从各维度全面提升着世界的信息化水平,同时也深刻地改变着包括教育在内的各领域的面貌。但与其他领域与信息技术、信息化之间的"单向依附"关系不同(这里说的"单向依附"指的是这些领域只是单纯地通过"培养、发展以计算机等信息化工具为代表的新生产力"从而实现该领域的变革与发展),教育与信息技术、信息化之间是一种"双向依附"关系:一方面教育固然需要信息技术、信息化的深度介入实现效能的跃升;另一方面信息化时代更需要"教育"出更多、更好的能适应甚至是引领信息化时代的人才,而这两者合于一处才是"教育信息化"的全貌。从这个意义上讲,教育要更好地融入信息化时代已不仅仅事关教育自身,同时也是信息化时代的要求；而要使教育更好地融入信息化时代的关键就是推进教育信息化。

积极、有效地推进教育信息化已是国家战略、社会共识。2015年，习近平总书记致信首届国际教育信息化大会，指出要因应信息技术的发展，推动教育变革和创新，构建网络化、数字化、个性化、终身化的教育体系，建设"人人皆学、处处能学、时时可学"的学习型社会，培养大批创新人才。从全球教育发展趋势和教育信息化发展形势来看，要积极、有效地推进教育信息化，使教育能更好融入信息化时代，从而让教育这项人类最古老的行为绽放出新活力，关键是要从"技、艺、道"三个层面入手。

首先是"技"，即要实现教学工具、设施，教育装备、资源的信息化。从近年的实际来看，各级教育行政部门、各类教育机构对教学工具、设施、装备、资源的信息化的投入已经不少，学校宽带接入率，计算机、多媒体教室、多媒体教学资源的数量都有长足的增长。但有两点需要注意，一是所投入的工具、设施、装备、资源是不是能符合"信息化生产工具"的内涵？如前所述，"信息化生产工具"的特点就是能便捷、有效、快速地获取、传递、处理、再生、利用信息，如果不能达成上述要求，那这个"生产工具"最多只是"电子工具"，而并非真正意义上的"信息化生产工具"。二是投入方式是不是能跟上信息化时代的发展脚步？信息技术的发展在今天呈现出"曲棍球式曲线"特征,尤其是各类终端的发展可谓日新月异,如果是追着趋势买终端,那结果一定是捉襟见肘,因为资源毕竟有限。各级教育行政部门和各类教育机构应当要因应世界信息化发展潮流,调整教育信息化的政绩观,要"重应用",把有限的资金投入"网""云"和在线资源的建设上来,而在"端"的部分则可以采用"自带设备(BYOD)""外包租用"来加以推进。

其次是"艺",即要实现教学、管理、服务模式的信息化。海德格尔曾言:"技术之所是,包含着对器具、仪器和机械的制作和利用,包含着各种被制作和被利用的东西本身,包含着技术为之效力的各种需要和目的。这些设置的整体就是技术。"从中不难看出,工具、设施、装备、资源只是达成技术目的的必要条件,如果没有"利用好"这些工具,技术目的就将落空。而要"利用好"这些工具,关键就是要从目标入手,研发出与各类信息化工具相适应、相匹配,从而能最大限度发挥其潜在价值的教学模式、管理模式和服务模式,而这些就是教学、管理和服务模式的信息化。从某种程度上来说,在推进教育信息化的过程中,模式的信息化应当要走在工具的信息化之前:有了成熟的模式后,工具才不至于成为摆设。需要指出的是,好的模式一定是教学者、管理者、服务者与技术开发者深度交流、"妥协"(即对于模式和技术的不断修正)后的产物,因此教育信息化推进者要特别注重创造教学者、管理者、服务者与技术开发者的交流环境。

最后是"道"，即要把信息化纳入育人目标之中。教育的目标是"立德树人"，所谓"育人目标的信息化"，实际上指的是要把培养适应、引领信息化时代人才作为发展教育、推进教育信息化的一大核心目标。什么是信息化时代的人才？该怎样培养信息化时代的人才？在全国教育大会上，习近平总书记用"九个要求"为这两个问题作了重要指示。需要注意的是，教育信息化的确可以成为助力落实"九个要求"的根本途径，但同样也可能成为应试教育的"帮凶"，这是广大教育信息化推进者要特别警惕的。

没有信息化，就没有现代化；没有教育信息化，就没有教育现代化；甚至可以说，没有教育信息化，也就没有信息化时代经济社会的长远发展。教育部出台了《教育信息化2.0行动计划》，"技、艺、道"三个层面在其中都有明确的体现和要求，具有中国特色的教育与信息化时代的融合之路也必将因此越走越宽。

（原文发表于《学习时报》2019 年 1 月 4 日）

教育信息化缔造教育新生态

郭绍青[*]

纵观教育发展史,教育的创新变革与社会转型发展一脉相承。当前以人工智能技术为核心的新兴信息技术聚合发力,正在引发科技革命与产业革命,对人类的生产、生活、思维与学习方式等产生结构性重组,推动工业、医疗、交通、农业、金融等领域产生体系化革命,推动人类真实世界与智能虚拟世界相互融合。党的十九大报告正式提出智慧社会的概念。智慧社会是相对于工业社会而言的社会发展新阶段,智慧社会需要发展与之相适应的新教育。

社会转型是构建智慧社会教育新生态的牵引力。人工智能等新兴信息技术的迅猛发展,正在推动社会从后工业

---

* 作者系西北师范大学教育技术学院院长。

社会向智慧社会转型发展,智能制造、智能医疗、智慧城市、智能农业等行业智能化重组与再造的过程中将使人工智能替代许多现有的人类劳动。从人类学、社会学等角度看,存在人工智能与人类的关系问题:一是在无限制条件下人工智能快速发展,其智能超越人类,将出现两种可能,智能机器统治人类、智能机器与人类和平共处;二是在限制条件下使人工智能发展水平处于人类可控的范围内。只有在第二种情况下,讨论职业替代与人类发展才有意义。人类将从事人工智能不可替代的工作,不断创新,推动人类社会的进步与发展。后工业社会向智慧社会的转型提出培养立德树人,培养知识型、复合型、创新型、战略型、智慧型的人才,能够体现人工智能与人类智慧相融合从事社会工作的劳动者的新需要,这是国家教育发展战略给教育提出的人才培养的新命题。社会转型的力量正在牵引教育创新变革发展,拉动教育构建智慧社会教育新生态。

教育信息化是构建智慧社会教育新生态的推动力。教育现代化是一个动态发展的过程,是构建与智慧社会的发展相适应的现代教育新生态再造以及与智慧社会经济、政治、科技、文化等发展相适应的现代教育体系。没有教育信息化就没有教育现代化的论断表明,教育信息化是实现教育现代化的核心推动力,教育信息化在不同的信息技术发展阶段具有不同的具体表现,当前在大数据、人工智能等新兴信息技术的融合推动下，"互联网+教育"、智能教育等成为当前教育信息化的新阶段特征，教育信息化正在推动智慧社会教育新生态的构建——智慧教育。智慧教育是智能教育与人类（教师）教育的总和，智能教育是构建智慧社会教育的最活跃力量。

智能教育是利用智能技术加快推动人才培养模式、教学方法改革，构建包含智能学习、交互式学习的新型教育体系。建立以学习者为中心的教育环境，提供精准推送的教育服务，实现日常教育和终身教育定制化。智能教育的本质在于通过开发智能技术产品，使其融入教育的全过程，并引发教育变革。智能教育是从技术维度对智慧社会教育生态的定位，是构建智慧社会教育新体系、新生态的推动力。而智慧社会需要把机器智能与人类（教师）智慧相融合，指向学习者的高级思维发展、创新能力培养，启迪学习者智慧的教育新生态，实现对工业社会教育的重组与再造，缔造智慧教育新体系。

智慧社会教育新生态的特征已经开始显现。2050年应该具有什么样的教育生态？这个问题是教育创新变革的方向问题，是实现智慧社会教育现代化的根本问题。未来教育走向人机协同、人机融合的智慧教育的趋势已经达成共识。教育部关于印发《教育信息化2.0行动计划》的通知，规划了"智慧教育创新发展行动"，设立智慧教育示范区,开展智慧教育探索与实践。从教育信息化推动教育创新变革的经验成果,"互联网+教育"、人工智能教育创新应用的实践案例中,能够看到智慧社会教育新生态的特征已经开始显现。

一是智能学习资源聚合服务新生态。人工智能技术正在推动网络学习资源朝着智能化、虚实融合的方向发展,为学习者构建更具真实性、强体验性、深交互性的虚实融合的学习资源环境,智能导学、智能伙伴、智能教师等各种智能代理角色的出现并融入学习资源环境,能够根据用户特征,为用户提供适应性的资源和智能学习服务。融入教育功能的智能虚拟博物馆、科技馆等社会智能公共服务资源、专门针对教育服务的智能学习资源系统等实现无缝衔接与聚合,将构建起网络化、智能化、泛在化的学习资源服务新生态。

二是教育智力资源服务新生态。通过专递课堂、同步课堂等方式共享智力资源的现象已经普遍,互联网教育企业通过聚合智力资源开展在线教育服务也已经成为常态。随着智慧教育发展,智能教师与资源能够在知识传授、简单技能训练、学生评价等方面完成相应的任务,而人类教师将在人际交流、情感教育、合作能力、创新能力、高级思维、伦理道德、启迪智慧等方面发挥人工智能不可替代的作用,人机协同教学是教育的必然选择。社会各行业的智慧人员能够通过智能化学习环境以真实或虚拟的形象为学习者提供服务,全社会聚合专职智慧型教师、社会智慧型人才与人工智能教师共同承担创新型人才培养的智力教育资源服务生态是智慧社会教育发展的需要。

三是泛在与终身学习新生态。一个人一生从事一个职业的现象会越来越少,终身学习是人类的必然选择。随着智能学习资源生态与智力资源服务生态的建立,学习者在社会、家庭、学校能够获得真实学习环境与智能虚拟学习环境相互融合、无缝衔接的学习支持服务,学习者的学习将发生在社会、家庭、学校、工作等泛在学习环境之中,获得个性化、终身的学习服务。

(原文发表于《学习时报》2019 年 12 月 13 日)

人工智能对教育的革命性影响

郭绍青[*]

人工智能技术、大数据技术、虚拟现实技术等新兴信息技术的融合发展正在推动人类社会转型。党的十九大报告中正式提出智慧社会的概念。智慧社会是机器智能与人类智慧融合发展的高级社会形态，是人类社会的又一次系统性重构，将会构建人类真实世界与智能虚拟世界相互融合实现无缝衔接的混合世界新秩序。

人工智能在引起科技革命与产业革命并发的过程中，使人类的生产、生活、思维与学习方式等产生结构性重组，智能制造、个性化定制等推动工业、医疗、交通、农业、金融等各个领域产生体系化革命。教育作为智慧社会的一个子

---

* 作者系西北师范大学教育技术学院院长。

系统同样需要构建适应智慧社会发展的新体系,而智能教育是智慧教育的核心,是机器智能提供的教育服务形态。习近平总书记向国际人工智能与教育大会致贺信指出:充分发挥人工智能优势,加快发展伴随每个人一生的教育、平等面向每个人的教育、适合每个人的教育、更加开放灵活的教育。人工智能对其他行业的变革作用已经开始显现,但对教育的影响还处于萌芽期,从当前人工智能在教育中应用现状及未来发展的趋势,可以清晰地看到人工智能对教育产生革命性影响的方向。

学习环境智能化。大数据智能教育应用使数字教育资源以学习分析技术、知识图谱、能力图谱等为骨架进行关联聚合,形成多学科交叉的立体网状知识体系,数字教育资源的多形态实现功能聚合,并依托个性化引擎向学习者提供适应性学习资源环境。感知智能在教育中的应用正在推动虚拟科技馆、虚拟博物馆、虚拟实验室等虚拟仿真学习资源环境与适应性学习资源环境进行融合,开始为学习者提供高沉浸性、临境感与系统化的学习环境。强人工智能将推动智能导学、智能伙伴、智能教师等各种智能代理角色出现,并融合到上述学习资源环境之中。学习环境走向智能化,学习者与学习环境的关系将发生根本性的变化,学习者与实体机器人或智能虚拟教师、学伴的交互将成为学生进入虚拟世界的入口,它们将陪伴学习者成长的全过程,在具备深度学习能力的"数字大脑"的支持下，智能体将承担学伴、教师等多重角色。学习者在智能教师、智能学伴的协助下开展泛在学习与个性化学习，获得虚实结合的无缝学习体验，智能学习环境将全面推动教育的公平化。

人智教师协同化。在虚拟学习空间与真实学习空间开展教学成为教师的基本能力，教师角色发生显著变化，在虚拟环境中组织、管理、帮助学生完成基本的知识学习和技能训练，在真实环境中借助学习者特征、行为、质量等学习分析结果，为学习者提供精准服务，指导、组织、协助学生进行深度学习、知识向能力的迁移。人工智能将推动智能学习引擎发展，能够主动对学习者的学习特征、能力水平、兴趣趋向等数据采集与精准分析，理解学习者个性需求，为学习者提供智能个性化的学习服务。智能引擎与学习者的交互表现可以是智能学伴、智能导师等，能够协助学习者完成各类复杂的工作或任务，当前的智能音箱、智能讲解机器人等是其实体化的雏形。智能教师将承担知识学习、简单技能训练等任务，而人类教师在实体学校与学生共同设计与开展探究学习、协作学习、项目学习、问题解决等学习活动，促进学生创新能力的发展。在学生学习过程中扮演学习的指导者、辅助者、设计者、调控者等多种角色，重点进行学生人际关系、情感教育、合作能力、创新能力、高级思维、伦理道德、智慧启迪等培养活动，这恰恰是《中国教育现代化

2035》中提出的"推行启发式、探究式、参与式、合作式等教学方式"要求的具体实现。

动态学习常态化。《中国教育现代化2035》提出"走班制、选课制等教学组织模式……利用现代技术加快推动人才培养模式改革,实现规模化教育与个性化培养的有机结合",其目的是打破建立在工业社会基础上的同样年龄、同一时间、同一地点、学习同样内容的传统固化班级授课制。要实现因材施教、个性化发展的教育,首先要承认学生在能力水平、兴趣爱好、个人愿望、体质体能等方面的差异性,从而进行规模个性化的教育改革。大数据技术与人工智能技术的融合发展,正在推动互联网教育企业与体制内的教育机构进行在线教育服务供给。学生能够在线选择教师,以一对一或学习共同体的方式获得在线智力资源服务,同一学习共同体中的学习者年龄没有限制,他们可能来自不同的省区甚至不同的国家。智能学习系统能够分析学习者的特征,为学习者推送相应的学习资源。随着互联网企业提供丰富多样的课程服务,有条件家庭的孩子通过互联网企业将获得更多的个性化教育机会,这将倒逼国家教育体制的改革,推动学校教育向网络延伸,跨区域的虚拟班级、虚拟学校得到政府政策支持,以满足差异性与个性化学习需求,使所有学生享受人工智能推动的虚拟网络教育带来的利益。这些措施将全面推动网络学习空间中以个性化发展为核心的动态学习组织的发展,并推动实体学校采用在同年级、不同年级之间,以学生发展水平与需要为前提的动态走班制度、课程选学制度,实体学校的走班制与网络学习空间的动态学习组织进行全面的融合,最终构建系统支撑规模个性化学习需要的虚实融合的动态学习组织方式。

素质评价精准化。当前以知识为核心的考试制度,是制约教育创新发展的重要因素。当没有另外一种制度替代考试制度时,考试制度正在以一种评价方式承担着社会认可的公平的人才选拔任务。随着伴随性智能数据采集方式的完善,利用大数据智能分析技术对学习者学习过程、学习行为、学习水平等进行分析,动态修正与表征,建立学习者的动机、能力、爱好、水平、态度、体能、心智水平等要素构成的学习者精准画像,具备大数据智能过程性评价的新制度将从根本上终结当前的考试制度,以学习者动态发展学业水平为基础的适应性双向匹配与选择制度将被建立。

人工智能在教育中的全面渗透与应用将推动当前教育体制的解构、重组与再造,建立机器智能与人类(教师)智慧相融合,指向学习者的高级思维发展、创新能力培养,启迪学习者智慧的教育新生态。

(原文发表于《学习时报》2019 年 5 月 31 日)

努力践行"更加注重
面向人人"理念

《中国教育现代化 2035》把"更加注重面向人人"作为推进教育现代化的"八大理念"之一,是以人民为中心的发展思想在教育实践中的体现,是对教育公平更高层次的追求。我们要全面理解、努力践行"面向人人"理念,促进更高质量的教育公平。

"面向人人"首先是"面向所有人"。"面向所有人",即努力使所有适龄公民不分性别、不分城乡、不分地域、不分贫富、不分民族都享有平等的教育权利和均等的教育机会,都能接受良好教育。

新中国成立以来,特别是改革开放以来,我国教育事业得到快速发展,到 2018 年,我国学前教育毛入学率达 81.7%,小学学龄儿童净入学率达 99.95%,初中阶段毛入学率达 100.9%,高中阶段毛入学率达 88.8%,高等教育毛入学率达 48.1%,宪法赋予公民的平等受教育权利得到很大程度的保障。推进教育现代化,必须在促进所有公民更好地享有教育权利和教育机会方面有更大作为。

一是要继续做大教育的"量",提升义务教育巩固水平、学前教育普及水平和高中阶段教育普及水平,构建服务全民的终身学习体系,在更大范围解决"有学上"问题。

二是要在量的基础上提"质",继续加大教育投入,改善办学条件,提高师资水平,深化教育教学改革,创新人才培养模式,完善教育质量标准体系,发展中国特色世界先进水平的优质教育,在更高水平上解决"上好学"问题。

三是要努力缩小教育差距。当前我国各级各类教育在区域、城乡、不同社会群体以及学校之间还存在明显差距,教育要"面向人人"就必须尽最大努力缩小差距。缩小教育差距首先也是最根本的,要在促进义务教育优质均衡发展上下大力气。要完善义务教育经费保障机制,中央财政加大对中西部地区的义务教育投入,省级政府加强统筹,加大对农村地区、贫困地区的支持力度;推进义务教育学校标准化建设;采取有效措施保障农村学校和薄弱学校师资配备;推动县域内教师交流和优质教育资源共享;完善中小学招生办法,破解择校难题。缩小教育差距要在保障社会弱势群体受教育权利上下功夫。推进随迁子女入学待遇同城化,完善流动人口子女异地升学考试制度,建立健全农村留守儿童关爱服务体系,健全家庭经济困难学生资助体系,推进适龄残疾儿童少年教育全覆盖。缩小教育差距要在促进高等教育入学机会公平上下功夫。完善国家招生计划编制办法,实施支援中西部地区招生协作计划,提高中西部地区和人口大省高考录取率,实施国家农村贫困地区定向招生专项计划,增加农村学生上重点高校人数。

四是制度设计与执行要体现机会公平。义务教育要以所有适龄儿童都能接受均衡优质教育为目标,而高中阶段教育、高等教育必然面临分流、选择和选拔。要把促进公平公正作为教育考试招生制度设计的基本价值取向,充分考虑不同社会群体受教育者的实际,努力使所有人在考试选拔面前享有公平机会。在制度执行中要坚持公开公平公正,消除一切以权谋私、造假、违规操作等腐败现象。

"面向人人"还要"面向每个人"。"面向每个人",即要努力发展适合每一个人的教育,使不同性格禀赋、不同兴趣特长、不同素质潜力的人都能接受符合自己成长需要的教育。

从"面向所有人"到"面向每个人",是教育公平理念的发展,是教育公平内涵的丰富,更是教育公平本质的回归。"面向所有人"的教育着眼于社会宏观层面,把教育公平作为社会公平的重要基础和表现,主张"有教无类",强调所有公民平等的教育权利、公平的教育机会,致力于消除教育差距,均等配置教育资源,促进教育均衡发展。"面向每个人"的教育则着眼于微观教育过程,把教育公平作为促进人的发展、实现人的价值的重要途径和手段,主张"因材施教",尊重受教育者的独特性和多样性,更关注教育过程公平和教育结果公平,重视每一个人对教育过程的有效参与和在教育过程中得到的应有发展,致力于发展"公平而又有差别"的教育、适合每一个人的教育。

教育是培养人的事业,促进每一个人"充分而自由地发展"是教育的终极目标。而每一个受教育者都具有独特性,其性格禀赋、兴趣特长、素质潜力各不相同,如果在教育过程中只一味地强调"一视同仁",追求所有受教育者得到同样的发展,对不同的个体而言实际上是不公平的。既强调统一性(基本标准),又强调差异性(多样性、选择性),使每一个受教育者接受到适合自身特点的教育,得到自身最大限度的发展,这才是真正意义的公平教育。而这种教育过程和教育结果的公平必须建立在教育权利平等和教育机会公平的基础之上。解决入学机会公平、均衡配置教育资源、努力缩小教育差距,这些都是促进教育公平的重要举措,也是实现上述真正意义教育公平的前提。在教育事业不断发展的今天,我们必须进一步提升对教育公平的追求,致力于构建"面向每个人"的教育。

注重"面向每个人",首先必须落实在学校教育教学过程中。针对我国学校教育实际,需要强调几个方面。一是进一步转变教育观念,把教育的目标及教育评价定位在促进人的全面发展上,革除唯考试分数、片面追求升学率的积弊;树立"人人成才"理念,杜绝给学生"贴标签"、等级化现象。二是注重教育过程参与机会公平,学校和教师在课堂教学、课外活动以及班级管理中,要把有助于学生成长与发展的机会(如课堂表达、与教师互动、担任管理角色、组织活动、代表集体等)公平地给予所有学生。三是在保证基本教学规范和质量标准的前提下提供多样化的课程设置、教学模式、评价体系,为学生的多样化选择和自主发展提供条件、提供帮助和指导。

注重"面向每个人"也必须落实在相关政策方面。因材施教、实施差别化教育在有些方面是与传统的公平观念相冲突的。义务教育均衡发展的政策导向很明确,差别化教育如何实施? 现实中,对社会弱势群体、学习困难学生实施有针对性的补偿教育是能够得到支持的,而对有特殊潜质的学生实施"拔尖培养"则相对困难。不少专家从尊重个体差异、培养创新人才的角度主张"英才教育",国外也有这方面可资借鉴的经验,我们在政策上能否支持?

　　践行"面向人人"理念,需要进一步巩固"面向所有人"的教育公平成果,加快推进"面向每个人"的教育公平实践,努力实现更高质量的教育公平。

　　　　　　　　(原文发表于《学习时报》2019 年 6 月 14 日)

促进和实现人的现代化
是高等教育现代化的重要使命

刘 伟[*]

中共中央、国务院印发的《中国教育现代化 2035》指明了我国未来教育发展的方向与目标。作为教育现代化重要组成部分的高等教育现代化,是支撑、推动和引领经济现代化和国家现代化发展的重要基础和引擎。

(一)高等教育发展水平的高低是决定经济体
能否跨越中等收入阶段的重要因素之一

高等教育在从中等收入阶段迈向高收入阶段发挥着不

可替代的重要作用,是实现经济高质量发展的重要基础。经过多年的改革与发展,中国已经成为世界最大的工业制造国和产品贸易国,经济总量稳居世界第二。未来十几年,全球政治经济格局将出现重大变革,以中国为代表的发展中国家将全面崛起。根据既有的国际经验,在经济跨越发展阶段,高等教育将发挥重要作用。2018年诺贝尔经济学奖得主罗默提出的内生增长模型指出,人力资本的规模是至关重要的,一个国家必须尽力扩大人力资本存量才能实现更快的经济增长。高等教育与社会经济发展问题的相关研究也表明,高等教育能够通过生产、扩散和转移新旧知识,从而增强劳动力的生产效率并提高社会人力资本水平。同时,从世界各国经济发展的历史经验来看,多数国家进入中等收入阶段后经济增长速度急剧放缓甚至停滞,长期未能实现从中等收入向高收入经济体的过渡,陷入了所谓的"中等收入陷阱",如多数拉美国家和部分东南亚国家。造成这一现象的原因是复杂的,政治体制、文化传统甚至地理条件的差异都是决定不同国家能否实现经济持续增长的重要因素。有学者通过实证研究发现,东亚部分国家和地区能够跨越"中等收入陷阱"的关键经验在于这些国家对于教育的巨大投资以及对劳动力技能培训的持续投入,高水平的人力资本能够显著减少中等收入阶段经济增长放缓的可能性,也就是说，高等教育发展水平的高低是决定经济体能否跨越中等收入阶段的重要因素之一。

中国目前正在从传统意义上的数量型"人口红利"向质量型"人力资源红利"阶段过渡。在经济发展的攻坚时期，我国经济既要保持中高速增长，又要向中高端水平迈进。加快转变经济发展方式和实现高质量发展的总体要求，无不凸显着高等教育必须承担的责任，我们必须充分发挥高等教育在提高人才资源水平、促进人力资本增值和推进创新驱动经济方面的重要基础性、关键性作用。

（二）现代化发展要求树立新的 高等教育发展观

现代化的核心是人的现代化；促进和实现人的现代化、培养各类高素质专业人才是高等教育现代化的重要使命。现代化的高等教育体系是一个既符合国家及社会优先发展目标，又充分保障人民群众享有基本教育权利的适应经济社会发展和满足学习者多样性需求的、体现终身学习理念的、完善的、现代的第三级教育体系。现代化发展要求树立新的高等教育发展观，从经济社会和人的全面发展的视野重新审视高等教育发展的使命与责任、目标与任务，打破传统的就高教论高教的封闭认识。高等教育的功能要由传统的工具理性、功利主义、精英主义转变为现代化的教育发展观念，要深刻认识到公平与质量、创新与守正同等重要，人的发展与经济功能同等重要。高等教育现代化要以促进人的发展为战略落脚点，因为人不仅是发展的手段，更是发展的目的，高等教育最为根本的作用就是培养各类高素质专业人才，进而促进人的全面发展。所以我们既要重视高等教育对于社会发展的作用，也要重视高等教育对于人的发展的意义，把高等教育的社会价值和个体价值结合起来，重视高等教育与社会整体和个人的协调发展。

（三）培养各类高素质专业人才，
促进和实现人的现代化

首先，要确立正确方向，全面落实立德树人的根本任务，实现高等教育的价值引领。立德树人是大学的立身之本，是对人才培养的根本要求。"立德"就是确立培养崇高的思想品德，"树人"即培养高素质的人才。习近平总书记在纪念五四运动100周年大会上的讲话中指出，新时代中国青年要锤炼品德修为。人无德不立，品德是为人之本。青年要把正确的道德认知、自觉的道德养成、积极的道德实践紧密结合起来,不断修身立德,打牢道德根基,在人生道路上走得更正、走得更远。中国人民大学是中国共产党创办的第一所新型正规大学,并且始终奋进在时代前列,一贯以培养共和国的建设者为使命。中国人民大学启动纪念五四运动 100 周年"十个一"系列活动,串联起"一支脚踏实地的队伍""一个筑梦青春的舞台""一批向上向善的榜样"等十项特色育人品牌,并围绕"把青春写在中国大地上""人生能有几回搏、誓把青春许家国"等主题开展爱国主义教育专项行动,从组织育人、文化育人、实践育人、网络育人等多方面精心打造活动拼盘,更好地帮助青年学生树立正确的世界观、人生观、价值观,扣好人生第一粒扣子。中国人民大学连续多年组织"千人百村""街巷中国"等学生社会实践项目,青年学子们深入祖国一线,走在田间地头,实事求是,心系家国,把爱国情、强国志、报国行融入坚持和发展中国特色社会主义事业、建设社会主义现代化强国、实现中华民族伟大复兴的奋斗之中,把树立远大理想和脚踏实地统一起来,把青春写在中国大地上。

其次,聚焦提升一流人才培养能力,注重培养学生的创新精神与创新能力。《中国教育现代化 2035》指出:分类建设一批世界一流高等学校,建立完善的高等学校分类发展政策体系,引导高等学校科学定位、特色发展。加强创新人才特别是拔尖创新人才的培养,加大应用型、复合型、技术技能型人才培养比重。高等学校多样化是高等教育现代化的必然要求。现代化的高等教育系统发展成为一个多种高等学校类型的体系,体系内的各种高等教育机构各自有着自己的价值定位和使命特色,有着自己的服务面向,并以自己的服务满足社会需求。高等教育发展必然由"同质化"走向"多样化",未来十几年,伴随着世界一流大学和一流学科的建设,以及普通本科院校向应用技术大学的转型和现代职业教育体系的建设,我国将逐步形成以世界一流大学和一流学科为代表的研究型大学、以应用技术大学为代表的应用型本科院校和以示范性高职为代表的高等职业技术学院,以此为基础建立起中国特色的高等教育分类体系。无论何种类型的高等学校,都应以培养高素质专业人才为根本使命,聚焦于如何提高一流人才培养能力,特别是要注重培养学生的创新精神与创新能力。中国人民大学推出"厚重人才成长支持计划",形成求是思源、青马英才、明德人文、厚重经英等23个创新人才培养项目,项目学员由校内外导师共同指导,形成了融合校内教学和社会实践优势的专业化、跟踪式创新人才培养模式,为学生在主攻专业领域获得深入发展的同时开启跨专业学习发展模式提供了多样化的机会。

再次,树立以学生发展为中心的教育教学理念。《中国教育现代化 2035》系统提出了八个"更加注重"的基本理念，即以德为先、全面发展、面向人人、终身学习、因材施教、知行合一、融合发展、共建共享。这八大基本理念，遵循了教育规律和人才成长规律，也顺应了国际教育发展趋势。高等教育战线落实这八大基本理念的落脚点就是在人才培养上树立起以学生发展为中心的教育教学理念。要培养创新人才，高等教育现代化必须转变传统的教育理念，树立现代化的教育观、学生观和学习观。在现代教育观念下，学生不再是被动的知识传授的接受者，也不简单是教育服务的消费者，而是独立自主的学习者。探索形成具有中国特色的、以学生发展为核心的人才培养理念，是高等教育现代化培养具有创新能力的一流人才的根本要求。2013 年，中国人民大学启动本科人才培养综合改革，发布实施本科人才培养路线图，全面推进本科人才培养体系和模式改革。路线图从兴趣培育、目标管理、主要路径、条件支持、价值引导五大方面入手，通过精实课程、国际研学、名师沙龙、拓展支持、全员导师、研究实践、双选认证、公益服务八项制度，构筑"研究型学习制度体系"。同时，辅之实施读史读经典、社会研究和创新训练、社会实践和志愿服务等十六个重点人才培养项目，致力于从基础层面推动本科人才培养的根本变革，着力实现一系列重要转变：从以教师为中心到以学生为中心，从以传授知识为中心到以探究问题为中心,从以课堂教学为中心到课内课外相结合、知识学习与研究实践相结合,从以知识、能力教育为中心到全面的人格养成。

（原文发表于《学习时报》2019 年 5 月 24 日）

加快实现教师队伍现代化

任友群[*]

教育是国之大计、党之大计,教师是立教之本、兴教之源。推进教育现代化,关键是推动人的现代化,基础是实现教师队伍的现代化。

教师队伍现代化的基本内涵。2019 年 2 月中共中央、国务院印发的《中国教育现代化 2035》提出,"高素质专业化创新型教师队伍是加快教育现代化的关键"。要建设高素质专业化创新型的教师队伍,实现教师队伍的现代化,必须实现教师队伍的专业化、标准化、均衡化、信息化、国际化。

专业化。专业化是现代化的品质,是提高现代化质量

---

* 作者系教育部教师工作司司长。

的重要保障。教师队伍的专业化主要指教师要具备教书育人、立德树人的专业理念、专业知识和专业能力,包括教育教学思想理念、方式方法和师德素养等。

标准化。标准化是现代化的前提,是衡量现代化实现与否的基本标志。教师队伍的标准化主要指要按照教师配备标准补充教师、新入职教师要具备合格学历和教师资格证、教师培养培训质量要达到规定要求等。

均衡化。均衡化是现代化的内核,是衡量现代化水平的重要标尺。教师队伍的均衡化主要指区域、城乡、校际间的均衡配置,达到教师数量、结构和质量在城乡、区域、校际间的均衡。

信息化。信息化是现代化的加速器,是加快推进现代化的重要动力源。教师队伍的信息化主要指教师具备应用人工智能等信息技术革新教育教学思想理念、创新教育教学方式方法、提高教育教学质量水平,促进信息化与教育教学深度融合的能力素质。

国际化。国际化是现代化的表征,是实现现代化的重要体现。教师队伍的国际化主要指教师特别是高校教师具备一定的国际视野,能有效运用国外先进教育教学思想理念、方式方法开展教育教学和科学研究的能力。

教师队伍现代化面临的现实问题。党的十八大以来,我国教师队伍建设进行了历史性变革,取得了历史性成就,具备了实现教师队伍现代化的坚实基础。但是,随着经济社会的发展,以及人民群众对优质教育的需求,教师队伍现代化建设面临着一些现实的问题。

素质能力需要进一步提升。中小学教师有海外留学经历的较少,海外研修比例不高。一些幼儿园教师保教能力不强,职业教育"双师型"教师比例偏低。人工智能技术在教育教学中还不够普及。配备标准需要进一步提高。教师资格制度还有待健全,特别是合格学历标准与世界教育发达国家相比有差距。均衡配置需要进一步优化。东中西部存在明显的经济发展水平梯度,城乡二元结构分明,各级各类教育在办学理念、投入、条件、标准等方面差异较大,区域、城乡、校际教师队伍发展水平存在差距。师道尊严需要进一步提振。教师薪酬待遇近年来连年增长,但离吸引优秀人才从教还有一定差距。尊师重教的社会风尚需要进一步浓厚,师道尊严需要进一步提振。

切实落实教师队伍现代化的政策举措。当前和今后一个时期,我们将紧紧抓住教师队伍建设不平衡不充分问题,不断推动质量、效率、动力变革,切实提高教师队伍建设质量和效益,加快实现教师队伍现代化。

总体谋划,统筹推进。把握好三个关系。一是整体与局部的关系,在国家总体框架下,各地因地制宜研究本地区教育现代化路径,构建中央统领、地方支撑的制度体系,开通教师队伍现代化建设"直通车"。二是当前与长远的关系,实施与教育现代化阶段相配套的政策举措,5年左右健全教师培训体系、管理体制、保障机制,到2035年实现教师队伍治理体系和治理能力现代化。三是内部与外部的关系,加快修订完善《教师法》,对教师队伍建设由教育系统的内部治理逐步走向编制、人事、财政与教育部门的合作治理,既要强化教育部门的统筹管理职能,又要明确相关部门的具体职能和权力边界。

分类指导,精准推进。定向发力,靶向治疗,提高实效。一是分学段培育。中小学教师突出专业化,推进供给侧结构性改革,提高培养层次,强化教学基本功和教学技能训练。幼儿园教师突出善保教,大力培养初中毕业起点的5年制专科层次,强化保教融合,注重才艺兼备。职业院校教师突出双师型,深化产教融合、校企合作,提高实践教学能力。高校教师突出创新型,提升专业能力,促进专业成长,增强创新素质。二是分区域施策。引导发达地区率先发展,加大中西部欠发达地区支持力度,补齐乡村特别是贫困地区教师队伍建设短板,重培养、扩补充、提待遇、推交流、促发展,建设一支"下得去、留得住、教得好、有发展"的教师队伍。三是分类别造就。以加强党的领导为先,保证教师队伍建设正确的政治方向。以师德师风建设为要,突出全员全方位全过程师德养成。以促进专业发

91

展为基,不断提高业务能力和育人本领。

　　抓住关键,改革推进。一是推动师德建设长效化。健全师德建设长效机制,推动各地各校出台实施细则。加大宣传力度,创作影视作品。健全荣誉制度,选树师德典型。加强失德惩处,依据教师职业行为准则严肃处理。二是振兴教师教育一流化。推进强师筑梦,培养新时代高素质教师。实施教师教育振兴行动计划,建立以师范院校为主体、高水平非师范院校参与的中国特色师范教育体系,支持高水平综合性大学开展教师教育,建设一流师范院校和师范专业。加大投入力度,提高师范专业生均拨款标准。改革招生制度,提高生源质量。开展师范类专业认证,提高专业门槛。调整师范生公费教育政策。升级培养卓越教师。三是优化教师管理机制化。建立开放、多元、竞争、有序的教师资源配置机制,探索教师职称、岗位、编制、资格等方面的优化政策,提高中小学中高级岗位比例,加大教职工统筹配置和跨区域调整力度,推进交流轮岗,激发教师队伍建设活力。特别要严把入口关,提高任职学历层次,逐步将幼儿园教师学历提升至专科,小学教师学历提升至师范专业专科和非师范专业本科,初中教师学历提升至本科,有条件的地方将普通高中教师学历提升至研究生。研究制定政策文件,明确地方责任,实行目录清单,切实减少外来干扰,让教师全身心投入教育教学。四是保障教师待遇联动化。推动地方加强省级统筹,健全联动机制,核定绩效工资总量时统筹考虑当地公务员实际收入水平,特别要优先保障义务教育教师工资待遇,不断增强中小学教师的获得感。

教育是最大的民生,需要各部门凝心聚力、形成合力,加大投入、倾斜政策。发展是解决一切问题的基础和关键。要解决好民生保障和发展之间的关系,切实探索符合我国国情的中国特色社会主义教育发展道路,大力推进新时代教师队伍建设改革,努力建设一支高素质专业化创新型的强国筑梦之师。

（原文发表于《学习时报》2019 年 3 月 15 日）

推进高等教育现代化
应把握十个方面

王定华[*]

中共中央、国务院印发的《中国教育现代化 2035》，指明了我国各级各类教育的前进方向。作为教育现代化的重要领域，高等教育现代化在推进过程中应当把握十个方面。

一个指导思想。以习近平新时代中国特色社会主义思想为指导，坚定实施科教兴国战略、人才强国战略，紧紧围绕统筹推进"五位一体"总体布局和协调推进"四个全面"战略布局，坚定"四个自信"，坚持社会主义办学方向，遵循高等教育规律，凝聚人心，完善人格，开发人力，培育人才，造福人民。将服务中华民族伟大复兴作为高等教

---

　　* 作者系北京外国语大学党委书记。

育的重要使命，坚持高等教育为人民服务、为中国共产党治国理政服务、为巩固和发展中国特色社会主义制度服务、为改革开放和社会主义现代化建设服务，大力推进高等教育理念、体系、制度、内容、方法现代化。

两个发展趋向。我国高等教育现代化，要特别注重质量，还要特别注重公平。要构建高等教育质量保障体系、评估监测机制，建立更加科学公正的考试评价制度，建立全过程、全方位人才培养质量反馈监控体系。专科突出应用，本科强化通识，硕士形成专长，博士体现创新。我们要努力发展具有中国特色世界水平的优质高等教育，加快建设"双一流"大学，让优势特色大学行稳致远，让产教融合高校各展所长。我们要真正确保高等教育公平，让省属高校、中西部高校获得更多资源，让贫困地区招生专项惠及边远地区，让所有适龄青年都有人生出彩的机会。

三个推进原则。我国立体化的国情决定了高等教育现代化既要有顶层设计、统一部署，又要实事求是、区别对待。为此，一要总体规划、分区推进，在国家教育现代化总体规划框架下，推动各地从实际出发，制定本地区高等教育现代化规划。二要细化目标、分步推进，科学设计和合理细化不同发展阶段、不同规划周期内的发展目标和重点任务，有计划有步骤地推进高等教育现代化。三要精准施策、统筹推进，完善区域高等教育发展协作机制和教育对口支援机制，推动不同地区协同推进高等教育现代化。

四个战略区域。高等教育要主动对接、积极服务国家重大战略。一是促进京津冀高等教育协同发展,逐步实现资源共享、跨校选课、学分互认。采取国家重点大学分别承办一个学部或学院的新机制,支持雄安大学较快建成、后来居上、发挥作用、赢得认可。二是支持海南开展高等教育国际化办学,诚邀国内外名校合作共赢,引入国内顶尖外国语大学落地。对于这个国际自贸港、创新实验区、中华民族四季花园,最有效的办法就是以国际化助推高等教育现代化。三是鼓励长江经济带的高等学校提高质量、追求卓越、引领示范。四是指导粤港澳大湾区的高等学校优势互补、勠力同心,造就恪守"一个中国"立场、贡献国家现代化建设的爱国爱港爱澳人才。

五育并举方针。全面落实立德树人根本任务,促进学生德智体美劳全面发展。广泛开展理想信念教育,加强品德修养,培养奋斗精神,不断提高大学生思想水平、政治觉悟、道德品质、文化素养,让他们学会感恩、学会助人、学会谦让、学会宽容、学会自省、学会自律;既掌握知识,又形成见识;既把握特点,又洞悉规律;既勤于学习,又敢于创新、勇于实践,求真理、悟道理、明事理。切实强化学校体育,真正改进学校美育,大力弘扬劳动教育。

坚持改革创新。在现代化征程中,高等教育必将遇到难得机遇、严峻挑战,必须抢抓机遇、迎接挑战。实践无止境,创新无止境,解放思想无止境。要加强高等学校创新体系建设,建设一批国际一流的国家科技创新基地,提升高等学校原始创新能力。探索构建产学研用深度融合的全链条、网络化、开放式协同创新联盟。创新研究方法,提高哲学社会科学研究水平。充分发挥高校的创造性,健全有利于激发创新活力和促进科技成果转化的科研体制。鼓励各地各高校大胆探索、积极进行改革创新,形成充满活力、富有效率、更加开放、有利于高质量发展的高等教育体制机制。

提升师资水平。高等教育是各级各类教育的制高点,而高校教师是制高点之制高点。在高等现代化建设过程中,一定要造就一支政治素质过硬、业务能力精湛、育人水平高超的高素质专业化创新型教师队伍。大力加强师德师风建设,落实《新时代高校教师职业行为十项准则》,将师德作为评价教师的前提标准,推动师德建设长效化、制度化。培养高素质教师队伍,健全开放、协同、联动的教师发展体系,推动高校教师终身学习和专业自主发展。讲求高校教师的学科结构、学缘结构、年龄结构、性别结构,发挥老教师的传帮带作用,鼓励中青年教师勇挑大梁、建功立业。完善高校教师资格体系和准入制度,健全教师职称、岗位和考核评价制度。

驾驭人工智能。当今世界科技进步日新月异，新一轮科技革命以及由之驱动的产业革命蓬勃发展。互联网、大数据和人工智能等新技术的广泛应用，正在影响并深刻改变着人类的思维方式、学习方式和生产生活方式。高等学校应紧跟科技发展步伐，及时将最新成果融入课程教材和教学内容中，让学生掌握新知、增强能力、开阔视野。建设智能化校园，统筹建设一体化智能化教学、管理与服务平台。利用现代技术加快推动人才培养模式改革，实现规模化教育与个性化培养的有机结合。创新教育服务业态，建立数字教育资源共建共享机制，完善利益分配机制、知识产权保护制度和新型教育服务监管制度。

扩大对外开放。全面提升国际交流合作水平，推动我国同其他国家学历学位互认、标准互通、经验互鉴。扎实推进"一带一路"教育行动。加强与联合国教科文组织等国际组织、多边组织的合作。提升中外合作办学质量，优化出国留学服务。实施留学中国计划，建立并完善来华留学教育质量保障机制，全面提升来华留学质量。推进中外高级别人文交流机制建设，拓展人文交流领域，办好海外孔子学院，促进中外民心相通和文明交流互鉴。

增强治理能力。推进教育治理体系和治理能力现代化。提高教育法治化水平，构建完备的教育法律法规体系，健全学校办学法律支持体系、教育法律实施和监管机制。提升政府管理服务水平,提升政府综合运用法律、标准、督导、信息服务等现代治理手段的实效性。加强党对高校的全面领导,发挥学校党委办学治校主体责任,完善大学治理结构,激发全校各部门各学院干事创业的积极性。

(原文发表于《学习时报》2019 年 9 月 6 日)

跨界与融合：
中国高等教育现代化的新动能

郝 平[*]

2019年3月，哈佛大学校长劳伦斯·巴科和剑桥大学校长斯蒂芬·图普相继到访北京大学并发表演讲。他们不约而同地提出，要深化全球大学之间、大学与社会之间的协作，寻求人类共同面临的重大问题的解决方案。

当今世界正处于百年未有之大变局，"第四次工业革命"方兴未艾，国际秩序深刻重塑，全球治理机制亟待完善。多重因素撼动旧局、推动变局，唯有通过跨界与融合，开展协同与合作，才能突破时局、开辟新局。中国高等教育要实现"由大转强"的历史性跨越、实现现代化，就必须落

---

* 作者系北京大学校长。

实"融合发展"与"共建共享"的新理念，与时俱进、乘势而上，通过跨界与融合实现创新驱动发展。

面向未来，大学必须有"跨界"的格局，围绕共同科学命题和时代使命，突破学校内外各个层面的固化界限，实现资源和能力的互补，聚焦协同行动，推动共同发展。

要推进学科之间的跨界。当今时代的许多新问题新情况高度复杂，只用单一学科来审视，难免管中窥豹，必须构建"多学科""交叉学科""跨学科"的研究模式，把不同学科的理论、工具、方法等有机统一起来，才能在科技和社会前沿问题上实现颠覆性创新，取得重大突破。大学必须改革学科组织模式，完善跨学科组织架构和制度环境，深化跨学科、整体性研究，不断产生新技术、新思想、新方案。北大最近将成立人工智能研究院，不仅仅要把理工科的相关研究力量整合起来，更要与医学、哲学社会科学紧密结合，系统研究人工智能对人类生产生活方式的影响。

要推进大学之间的跨界。新的全球化时代是创造更加鲜明个性的时代。每一所大学特别是顶尖大学，都有自己独特的比较优势。这为大学之间相互借鉴、取长补短提供了有利条件。习近平总书记在接见哈佛大学校长巴科时强调，要扩大教育对外开放，加强同世界各国的交流互鉴，共同推动教育事业发展。开放与合作是世界高等教育的发展主流，大学要拓展交互范围，深化交互程度，将自身深度嵌入世界知识生产的宏大体系中，实现强强联合、互利共赢。

要推进产学研之间的跨界。当今时代，创新发生了深刻变化，过去由科学创新到技术创新再到市场应用的逻辑已被颠覆，大学与企业等组织在创新链条上的界限日益模糊。大学要继续发挥自己的比较优势，保持在前沿科技、创新创造领域的独特地位，就必须打破封闭、紧贴需求，探索与政府、企业、科研院所等多方共建的新型研发组织模式，在助力地方发展、服务国家战略的过程中，集聚社会资源，产出一流的科研成果。比如，近年来，北京市先后成立了脑科学研究中心、大数据研究院、石墨烯研究院等一批新型机构，产生了很好的效益。

"天地交而万物通，上下交而其志同"。面向未来，大学更要具备"融合"的能力，博采众长、消化吸收、整合创新，实现结构优化、布局拓展、功能升级，形成既有国家特点、民族特色，又有全球视野、世界情怀的教育形态。

要融合形成新的人才培养模式。未来世界，知识的创新和更迭将更加迅速，社会分工的日益细化要求有更加专业的技能，同时，各种高度复杂的问题需要有更加全面的视野来进行分析和解决。这就要求未来的优秀人才既要具备复合知识背景和开放、包容、协作精神，又要在特定方向钻研精深，具有创新、探索、终身学习的能力。"致天下之治者在人才，成天下之才者在教化，教化之所本者在学校"，大学要推进通识教育和专业教育的有机融合，赋予学生更多的学习选择，充分激发他们的求知欲、探索心、创造力，培养更多高素质复合型人才。

要融合形成新的科研体系。传统的大学是以学科为基础建立的学系作为基本组织结构的，这种结构守护了学科知识的传承，但也成为交叉融合的壁垒。面向未来，大学需要构建立体的科学研究体系，体现两套逻辑：既要保留传统学科的稳定，加强基础学科研究，使教师能够潜心研究；又要以前沿交叉、重大科学问题为导向，积极搭建前沿交叉学科平台，形成开放式的创新网络，为学术融通创造条件。同时，要紧密围绕"第四次工业革命"，突出关键重大科学领域的布局，推进新文科、新社科、新理科、新工科、新医科等的建设。

要融合形成新的社会服务形态。大学既是研究高深学问的场所，又是人类文明的灯塔；既是一个民族砥砺前行的推进器，又是世界各国发展进步的发动机。不断创造、传播新的智慧之光，照亮人类文明的前行之路，是大学的内在使命和永恒追求。习近平总书记指出，世界一流大学都是在服务自己国家发展中成长起来的。大学要始终秉持浓厚的爱国情怀和民族情感，紧盯社会现实需求，在国家发展的各个领域谱写高等教育的服务篇章。同时，在构建人类命运共同体的新时代，大学还要树立高度的世界意识和国际视野,结成国际学术共同体,在全球范围内优化配置高等教育资源,促进人才和知识在国际社会更广泛地流动,协力解决人类面临的共同难题,促进人类文明在交流互鉴中更加丰富、更加多彩。

（原文发表于《学习时报》2019 年 4 月 19 日）

以世界一流大学建设
引领中国教育现代化

张　军[*]

加快建设世界一流大学,需要牢牢把握高质量内涵式发展这条主线,着力在内涵提质上下功夫。内涵式发展的显著特点是内生式、自主性,强调通过系统深化教育教学改革和完善制度设计,激发师生作为高校主体的能动性、创造力,进而实现高校自我驱动下的高质量发展。

在理念层面,要树立追求卓越的意识,以勇争世界一流的价值目标引领发展,牢记立德树人的根本使命,担当服务中华民族伟大复兴的重任,以人民为中心,扎根中国大地办世界一流大学。在制度和行动层面,要坚持高质量、

作者系北京理工大学校长、中国工程院院士。

精细化发展,走特色发展和创新发展之路,发扬独有的办学特色和学科特色,积极面向国家战略需求布局新方向、新面向,以改革创新为驱动力,优化大学治理结构,激发全员活力,推动精细管理,提升发展效益,进而实现高质量内涵式发展。

世界一流大学内涵建设是一项系统性、战略性工程,在世界一流目标的引领下,内涵包括多个子系统、子目标和子要素,但其核心关键,在于育一流人才、作一流贡献、聚一流名师、树一流文化。要办中国特色社会主义标杆大学,走高质量内涵式发展道路,大学需要从政治方向、价值取向、改革导向这三个向度来谋划发展路径,抓立德树人这个根本,抓学科建设这个龙头,抓队伍建设这个关键,进而带动改革建设发展全局,实现自身内涵发展,建设中国特色的世界一流大学。

(一)抓立德树人根本,深化教育教学改革

习近平总书记强调,高校只有抓住培养社会主义建设者和接班人这个根本任务才能办好,才能办出中国特色世界一流大学。新时代,大学坚定社会主义办学的政治方向,就体现在始终牢记为党育人、为国育才的初心使

命,坚持党对教育事业的全面领导,深入落实立德树人根本任务,努力培养担当民族复兴大任的时代新人,保证高校始终成为培养社会主义事业建设者和接班人的坚强阵地。

要主动探索人才培养模式改革,奏响一流人才培养主旋律。立足于培养全面发展的高素质创新型人才,不断深化本科生教育教学改革和研究生教育综合改革,推进教学模式变革,强化研究型教学、探索式学习、自主性培养,厚植人文素质教育土壤,提质创新创业实践教育,以此激发师生教与学的内生动力,构建高质量人才培养体系。

北京理工大学作为中国共产党创办的第一所理工科大学,在育人实践中,始终传承"延安根、军工魂"红色基因和徐特立教育思想,紧紧围绕培养"胸怀壮志、明德精工、创新包容、时代担当"的领军领导人才和德智体美劳全面发展的高素质创新型人才,不断构建价值塑造、知识养成、实践能力"三位一体"的人才培养体系。一是促立志立德,引领学生立鸿鹄志,做奋斗者。深入开展"我的祖国我奋斗"主题教育,深植红色基因,引领青年勇做走在时代前列的奋进者、开拓者、奉献者。二是促学精学深,引领学生求真学问,练真本领。全面实施大类招生、大类培养和大类管理人才培养改革,推行书院制教育,探索跨专业交叉培养模式。三是促创新创造,引领学生知行合一,做实干家。充分发挥科研平台优势,打造"全链条、多协同、凸特色、大平台"一体化的创新创业教育体系,使学生在科技创新竞赛中迸发巨大潜力。四是育情感情怀,引领学生心有天地、胸怀大爱。开展"担复兴大任,做时代新人"主题社会实践活动,塑造"延河之星"志愿者活动品牌,树立学生责任意识和宽广视野,将家国情感与人类情怀同频共振。

(二)抓学科建设龙头,打造学科高原高峰

世界一流学科建设是培养一流创新人才、锻造一流师资队伍、打造一流科技平台、产出一流科研成果的关键基础。高校要牢牢抓住世界一流学科建设的龙头作用,坚持扎根中国大地、服务重大战略的价值取向,始终紧跟国家战略需求、国际科技前沿和国民经济主战场这"三个面向",通过"强基础、促交叉、增前沿、育新兴"的学科发展导向,打造新型创新平台,实现优势资源汇聚,提升服务重大战略、服务经济社会发展的能力。

世界一流学科建设,首要问题是找到"交叉、前沿、新兴"方向的这把"金钥匙"。瞄准国家重大战略需求、国际科技前沿问题和国民经济主要战场,在精准把握科技热点、

超前布局前沿领域、着力打造新兴方向和推陈出新传统特色等方面发力。使传统科研方向通过"交叉"与"前沿"的结合,演变为新兴方向,推动"交叉"与"新兴"结合,产生前沿领域,在学科方向上催生新的增长点。

世界一流学科建设,关键是弹好人才、队伍和创新的"协奏曲"。敢于守正出奇、弯道超车,集中优质资源重点聚焦到一批有基础、有平台、有成果、有人才的潜力学科及新兴前沿交叉学科,以人才聚新方向,以项目创新方向,以国际引新方向,以团队强新方向,实现人才培养、学术团队、科研创新"三位一体",打造学科高原高峰,引领辐射带动学科整体水平提升,进而支撑世界一流大学建设迈向快车道。

世界一流学科建设,重中之重是发展"高精尖"方向。坚持瞄准重大前沿基础科学问题和重大工程的科学问题,以基础促前沿、以交叉促融合、以集成促创新,实现多学科的共同发展与提升。在发展新的科研方向过程中,坚持"独、特、优、尖",即唯我独有、唯我特色、绝对优势、性能尖端。打造基础和公共创新平台建设,汇聚多学科的优势研究团队,通过有序组织和自由探索开展有前瞻、有高度、有深度的研究,发展提质传统优势和特色方向,激发学术新动能。

（三）抓队伍建设关键，激发高端人才活力

名师是大学之幸。高素质人才队伍是"双一流"建设成效的命门。实现世界一流大学高质量可持续发展，关键是要让一流人才在高校落地生根，成为支撑"双一流"建设的生力军。

厚植成长肥沃土壤。坚持以校引人、以业育人、以人聚人，建立多元化人才引聘模式，如全程化支持培养计划、多样化发展晋升路径、差异化薪酬激励制度、个性化考核评价机制和人性化成长生态文化。围绕重点建设的世界一流学科群，汇聚一流队伍。依学科方向丰学缘结构，依特色学科强交叉融合，依宜学生态促人才成长，形成人才的集聚效应、头雁效应和倍增效应。

建立引育绿色通道。在促进已有人才全面发展、竞相成长的基础上，以新模式引育新人才，推进"跨越空间"引才模式，"柔性时间"工作模式，"深度情感"服务模式，不断加强高端人才引育，全力筑实创新发展的人才基础。以新机制激发新活力，推进"嫁接联姻"学科交叉融合模式，打破院系和学科壁垒，人才引育重点聚焦优先团队、新兴方向、世界顶尖人才和重大科研装置，实现引进人才与传统优

势学科团队的有序"嫁接",促进传统学科"老树发新芽"。推进"分类卓越"人才激励与评价机制,实行国际化的聘用和先进人事管理制度,建立多元化分类评价考核机制,做到精心引育、精准施策、精细服务。

北京理工大学2015年成立首个"人才特区"——前沿交叉科学研究院,重点聚焦物质、生命和信息科学等基础学科,与兵器、材料、信息、制造、控制等优势工科交叉融合,持续推进"人才孵化器"的建设,打造理科与工科交叉融合创新平台,深化在超前方向、科研平台、优势资源、经费统筹、激励机制上的协同建设,为一流人才提供成长沃土。在"人才孵化器"模式下,优秀人才由学院引进,在前沿交叉研究院孵化培育,其学术成果反哺学科和学院,将引进与保障分开,形成了"不求所有,但求所用"的人才培育新模式,构建起人才快速成长的良好生态。

(原文发表于《学习时报》2019年8月2日)

思政课要面向现代化

刘丽敏[*]

教育教学现代化,强调以现代教育、教学理念为指导,以现代信息技术在教学中的应用研究为核心,以追求和实现教学效果的最优化为宗旨,体现了一个国家教育教学高质量、高水平的发展状态。思想政治理论课是全面贯彻党的教育方针,落实立德树人根本任务的关键课程,必须要面向现代化、要体现现代化的全部最新成果。习近平总书记在学校思想政治理论课教师座谈会上的讲话,为新时代思想政治理论课的现代化建设指明了方向和道路。

以现代化的理念创新思想政治理论课的教学思维和视野。理念的变革是改革创新的先导。一段时期以来,相对

---

* 作者系北京科技大学马克思主义学院副院长。

僵化的教育教学理念,束缚了思政课教师的教学思维和视野,这是导致思政课实效性不强的重要原因。因此,为了使思政课的教学与社会主义现代化的建设和发展相适应,必须树立现代化的教育教学理念,推动思政课的改革创新,不断增强思政课的思想性、理论性和亲和力、针对性。

以人为本,促进人的全面发展。教育教学的现代化,其核心在于用现代先进的教育教学理念和科学技术手段武装人们,实现人的现代化。因此,现代化的教育教学理念首先突出表现为以人为本,促进人的全面发展,即促进作为社会主体的每一个人在知识、能力、道德等方面的和谐、自由、全面发展和完善,这是现代教育的共同追求,也是思政课的奋斗目标。因此,要重视学生的主体性和能动性的发挥,坚持教师的主导性和学生的主体性相统一,使教学活动成为教师与学生共同参与、交流互动、相伴成长的一个过程。

知识、能力与价值的有机统一。思想政治理论课,作为思想政治教育的主渠道,具有鲜明的政治属性和价值导向,作为课程,属于科学理论范畴,具有丰富的知识内涵和深厚的理论特色,因此是融政治性与学理性、知识性与价值性于一体的课程。这种特殊性,要求思政课教师既要秉持坚定的政治立场和深厚的家国情怀,正确认识思政课的政治性功能,又要革新思维,拓宽视野,深刻把握思政课的科学性功能,实现知识传授、能力培养与价值引导的有机统一。

注重实践，知行合一。教育现代化强调教育要与生产劳动相结合，重视理论教育与实践教育的有机统一。这也是思想政治教育现代化的一个基本原则。价值观念要内化为学生的信仰、信念和信心，离不开社会实践。离开了社会实践，思政课的教学效果将无从检验，教育目标也将沦为纸上谈兵，无从落实。因此，要重视思政课的实践性，坚持理论性和实践性相统一，把思政小课堂同社会大课堂结合起来，引导学生立鸿鹄志，做奋斗者。

以现代化的成果优化思想政治理论课的教学主题和内容。现代化是一个从传统社会向现代社会演进的历史进程，突出表现为政治、经济、文化、社会等各个领域的重大变革与集成发展。而教育教学的现代化，则意味着要培养能够适应不断变革与发展过程的"现代人"。因此，我们必须以现代化的成果优化思想政治理论课的教学主题和内容。

突出理想信念教育。现代化社会是一个日新月异、思想观念多元化的社会，只有帮助大学生树立起马克思主义的崇高信仰和共产主义的理想信念，才能使他们在现代化的洪流中不迷失方向，才会产生献身于建设中国特色社会主义的强大精神动力。

吸纳理论和实践的最新成果。思想政治理论课要适应理性化、专业化等现代化标准，就要用最新的理论和实践成果去推动学生思考、分析和解决现实问题。因此，教师必须结合中国特色社会主义理论和实践发展的新境界,吸纳理论和实践的最新成果,只有这样,才能确保思政课的教学充满生机和活力。

紧扣时代发展的主题。思想政治理论课是与时代发展紧密相连的课程,时代性是思想政治理论课的生命。因此,思政课不能局限于教材的内容,拘泥于对过去事物的分析,而要紧紧把握时代脉搏,反映时代精神,澄清错误观点,找准国家、民族和个人的历史定位,增强时代感、使命感和危机感,激发学生奋发图强的意志和决心,引导他们做与时代发展同步的有为青年。

以现代化的技术改进思想政治理论课的教学方法和手段。现代科学技术的发展及应用,尤其是包括计算机技术、多媒体技术、网络技术、数字音像技术、卫星广播技术、虚拟现实技术、人工智能技术等在内的现代信息技术,有利于解决有限的传授手段与无限的学习需求之间的矛盾,思政课的教学要加强对于现代教学技术的开发和利用。

多媒体教学。作为现代化教学的重要手段,多媒体教学借助计算机技术,运用声像媒体、光学媒体等,制作出多媒体课程软件,有利于灵活地展示教学内容,运用多种多样的教学策略,创造更灵活的教学环境,给学生深刻的学习体验,增强教学效果。

开放的网络教学。随着现代信息技术在教育教学领域的运用,大规模开放在线课程("慕课")等新型在线开放课程和学习平台在世界范围迅速兴起,给思政课教育教学的现代化带来了新的机遇和挑战。自 2013 年以来,思政课的"慕课"体系逐步建立,但仍然需要根据技术的发展和教育部"金课"建设的要求和标准,不断改进和深化。

翻转课堂教学。开放式的网络教学引起"课堂革命",翻转课堂应运而生。它重新调整课堂内外的时间分布,将基础知识层次的学习交给网络等信息化媒介,而将课堂学习集中于热点问题的讨论、难点问题的剖析、项目研究的展示等深层次的学习。这种融合网络式学习、混合式学习、探究性学习等学习优势的教学模式,有利于更好地因材施教、按需施教,实现思政课教学的供给侧结构性改革。

青少年阶段是人生的"拔节孕穗期",最需要精心引导和栽培。我们要适应中国社会主义现代化建设的需要,以现代化的理念、成果和技术,循序渐进、螺旋上升地建设好思想政治理论课,这是加快推进教育现代化的客观趋势,是培养一代又一代社会主义建设者和接班人的重要保障。

(原文发表于《学习时报》2019 年 4 月 12 日)

中共中央、国务院印发
《中国教育现代化2035》

新华社北京2月23日电　近日,中共中央、国务院印发了《中国教育现代化2035》,并发出通知,要求各地区各部门结合实际认真贯彻落实。

《中国教育现代化2035》分为五个部分:一、战略背景;二、总体思路;三、战略任务;四、实施路径;五、保障措施。

《中国教育现代化2035》提出推进教育现代化的指导思想是:以习近平新时代中国特色社会主义思想为指导,全面贯彻党的十九大和十九届二中、三中全会精神,坚定实施科教兴国战略、人才强国战略,紧紧围绕统筹推进“五位一体”总体布局和协调推进“四个全面”战略布局,坚定“四个自信”,在党的坚强领导下,全面贯彻党的教育方针,坚持马克思主义指导地位,坚持中国特色社会主义教育发展道路,坚持社会主义办学方向,立足基本国情,遵循教育规律,坚持改革创新,以凝聚人心、完善人格、开发人力、培育人才、造福人民为工作目标,培养德智体美劳全面发展的社会主义建设者和接班人,加快推进教育现代化、建设教育强国、办好人民满意的教育。将服务中华民族伟大复兴作为教育的重要使命,坚持教育为人民服务、为中国共产党治国理政服务、为巩固和发展中国特色社会主义制度服务、为改革开放和社会主义现代化建设服务,优先发展教育,大力推进教育理念、体系、制度、内容、方法、治理现代化,着力提高教育质量,促进教育公平,优化教育结构,为决胜全面建成小康社会、实现新时代中国特色社会主义发展的奋斗目标提供有力支撑。

《中国教育现代化2035》提出了推进教育现代化的八大基本理念:更加注重以德为先,更加注重全面发展,更加注重面向人人,更加注重终身学习,更加注重因材施教,更加注重知行合一,更加注重融合发展,更加注重共建共享。明确了推进教育现代化的基本原则:坚持党的领导、坚持中国特色、坚持优先发展、坚持服务人民、坚持改革创新、坚持依法治教、坚持统筹推进。

《中国教育现代化2035》提出,推进教育现代化的总体目标是:到2020年,全面实现"十三五"发展目标,教育总体实力和国际影响力显著增强,劳动年龄人口平均受教育年限明显增加,教育现代化取得重要进展,为全面建成小康社会作出重要贡献。在此基础上,再经过 15 年努力,到 2035 年,总体实现教育现代化,迈入教育强国行列,推动我国成为学习大国、人力资源强国和人才强国,为到本世纪中叶建成富强民主文明和谐美丽的社会主义现代化强国奠定坚实基础。2035 年主要发展目标是:建成服务全民终身学习的现代教育体系、普及有质量的学前教育、实现优质均衡的义务教育、全面普及高中阶段教育、职业教育服务能力显著提升、高等教育竞争力明显提升、残疾儿童少年享有适合的教育、形成全社会共同参与的教育治理新格局。

《中国教育现代化 2035》聚焦教育发展的突出问题和薄弱环节,立足当前,着眼长远,重点部署了面向教育现代化的十大战略任务:

一是学习习近平新时代中国特色社会主义思想。把学习贯彻习近平新时代中国特色社会主义思想作为首要任务,贯穿到教育改革发展全过程,落实到教育现代化各领域各环节。以习近平新时代中国特色社会主义思想武装教育战线,推动习近平新时代中国特色社会主义思想进教材进课堂进头脑,将习近平新时代中国特色社会主义思想融入中小学教育,加强高等学校思想政治教育。加强习近平新时代中国特色社会主义思想系统化、学理化、学科化研究阐释,健全习近平新时代中国特色社会主义思想研究成果传播机制。

二是发展中国特色世界先进水平的优质教育。全面落实立德树人根本任务,广泛开展理想信念教育,厚植爱国主义情怀,加强品德修养,增长知识见识,培养奋斗精神,不断提高学生思想水平、政治觉悟、道德品质、文化素养。增强综合素质,树立健康第一的教育理念,全面强化学校体育工作,全面加强和改进学校美育,弘扬劳动精神,强化实践动手能力、合作能力、创新能力的培养。完善教育质量标准体系,制定覆盖全学段、体现世界先进水平、符合不同层次类型教育特点的教育质量标准,明确学生发展核心素养要求。完善学前教育保教质量标准。建立健全中小学各学科学业质量标准和体质健康标准。健全职业教育人才培养质量标准,制定紧跟时代发展的多样化高等教育人才培养质量标准。建立以师资配备、生均拨款、教学设施设备等资源要素为核心的标准体系和办学条件标准动态调整机制。加强课程教材体系建设,科学规划大中小学课程,分类制定课程标准,充分利用现代信息技术,丰富并创新课程形式。健全国家教材制度,统筹为主、统分结合、分类指导,增强教材的思想性、科学性、民族性、时代性、系统性,完善教材编写、修订、审查、选用、退出机制。创新人才培养方式,推行启发式、探究式、参与式、合作式等教学方式以及走班制、选课制等教学组织模式,培养学生创新精神与实践能力。大力推进校园文化建设。重视家庭教育和社会教育。构建教育质量评估监测机制,建立更加科学公正的考试评价制度,建立全过程、全方位人才培养质量反馈监控体系。

三是推动各级教育高水平高质量普及。以农村为重点提升学前教育普及水平,建立更为完善的学前教育管理体制、办园体制和投入体制,大力发展公办园,加快发展普惠性民办幼儿园。提升义务教育巩固水平,健全控辍保学工作责任体系。提升高中阶段教育普及水平,推进中等职业教育和普通高中教育协调发展,鼓励普通高中多样化有特色发展。振兴中西部地区高等教育。提升民族教育发展水平。

四是实现基本公共教育服务均等化。提升义务教育均等化水平,建立学校标准化建设长效机制,推进城乡义务教育均衡发展。在实现县域内义务教育基本均衡基础上,进一步推进优质均衡。推进随迁子女入学待遇同城化,有序扩大城镇学位供给。完善流动人口子女异地升学考试制度。实现困难群体帮扶精准化,健全家庭经济困难学生资助体系,推进教育精准脱贫。办好特殊教育,推进适龄残疾儿童少年教育全覆盖,全面推进融合教育,促进医教结合。

五是构建服务全民的终身学习体系。构建更加开放畅通的人才成长通道,完善招生入学、弹性学习及继续教育制度,畅通转换渠道。建立全民终身学习的制度环境,建立国家资历框架,建立跨部门跨行业的工作机制和专业化支持体系。建立健全国家学分银行制度和学习成果认证制度。强化职业学校和高等学校的继续教育与社会培训服务功能,开展多类型多形式的职工继续教育。扩大社区教育资源供给,加快发展城乡社区老年教育,推动各类学习型组织建设。

六是提升一流人才培养与创新能力。分类建设一批世界一流高等学校,建立完善的高等学校分类发展政策体系,引导高等学校科学定位、特色发展。持续推动地方本科高等学校转型发展。加快发展现代职业教育,不断优化职业教育结构与布局。推动职业教育与产业发展有机衔接、深度融合,集中力量建成一批中国特色高水平职业院校和专业。优化人才培养结构,综合运用招生计划、就业反馈、拨款、标准、评估等方式,引导高等学校和职业学校及时调整学科专业结构。加强创新人才特别是拔尖创新人才的培养,加大应用型、复合型、技术技能型人才培养比重。加强高等学校创新体系建设,建设一批国际一流的国家科技创新基地,加强应用基础研究,全面提升高等学校原始创新能力。探索构建产学研用深度融合的全链条、网络化、开放式协同创新联盟。提高高等学校哲学社会科学研究水平,加强中国特色新型智库建设。健全有利于激发创新活力和促进科技成果转化的科研体制。

七是建设高素质专业化创新型教师队伍。大力加强师德师风建设,将师德师风作为评价教师素质的第一标准,推动师德建设长效化、制度化。加大教职工统筹配置和跨区域调整力度,切实解决教师结构性、阶段性、区域性短缺问题。完善教师资格体系和准入制度。健全教师职称、岗位和考核评价制度。培养高素质教师队伍,健全以师范院校为主体、高水平非师范院校参与、优质中小学(幼儿园)为实践基地的开放、协同、联动的中国特色教师教育体系。强化职前教师培养和职后教师发展的有机衔接。夯实教师专业发展体系,推动教师终身学习和专业自主发展。提高教师社会地位,完善教师待遇保障制度,健全中小学教师工资长效联动机制,全面落实集中连片特困地区生活补助政策。加大教师表彰力度,努力提高教师政治地位、社会地位、职业地位。

八是加快信息化时代教育变革。建设智能化校园,统筹建设一体化智能化教学、管理与服务平台。利用现代技术加快推动人才培养模式改革,实现规模化教育与个性化培养的有机结合。创新教育服务业态,建立数字教育资源共建共享机制,完善利益分配机制、知识产权保护制度和新型教育服务监管制度。推进教育治理方式变革,加快形成现代化的教育管理与监测体系,推进管理精准化和决策科学化。

九是开创教育对外开放新格局。全面提升国际交流合作水平,推动我国同其他国家学历学位互认、标准互通、经验互鉴。扎实推进"一带一路"教育行动。加强与联合国教科文组织等国际组织和多边组织的合作。提升中外合作办学质量。优化出国留学服务。实施留学中国计划,建立并完善来华留学教育质量保障机制,全面提升来华留学质量。推进中外高级别人文交流机制建设,拓展人文交流领域,促进中外民心相通和文明交流互鉴。促进孔子学院和孔子课堂特色发展。加快建设中国特色海外国际学校。鼓励有条件的职业院校在海外建设"鲁班工坊"。积极参与全球教育治理,深度参与国际教育规则、标准、评价体系的研究制定。推进与国际组织及专业机构的教育交流合作。健全对外教育援助机制。

十是推进教育治理体系和治理能力现代化。提高教育法治化水平,构建完备的教育法律法规体系,健全学校办学法律支持体系。健全教育法律实施和监管机制。提升政府管理服务水平,提升政府综合运用法律、标准、信息服务等现代治理手段的能力和水平。健全教育督导体制机制,提高教育督导的权威性和实效性。提高学校自主管理能力,完善学校治理结构,继续加强高等学校章程建设。鼓励民办学校按照非营利性和营利性两种组织属性开展现代学校制度改革创新。推动社会参与教育治理常态化,建立健全社会参与学校管理和教育评价监管机制。

《中国教育现代化 2035》明确了实现教育现代化的实施路径：一是总体规划，分区推进。在国家教育现代化总体规划框架下，推动各地从实际出发，制定本地区教育现代化规划，形成一地一案、分区推进教育现代化的生动局面。二是细化目标，分步推进。科学设计和进一步细化不同发展阶段、不同规划周期内的教育现代化发展目标和重点任务，有计划有步骤地推进教育现代化。三是精准施策，统筹推进。完善区域教育发展协作机制和教育对口支援机制，深入实施东西部协作，推动不同地区协同推进教育现代化建设。四是改革先行，系统推进。充分发挥基层特别是各级各类学校的积极性和创造性，鼓励大胆探索、积极改革创新，形成充满活力、富有效率、更加开放、有利于高质量发展的教育体制机制。

为确保教育现代化目标任务的实现，《中国教育现代化 2035》明确了三个方面的保障措施：

一是加强党对教育工作的全面领导。各级党委要把教育改革发展纳入议事日程，协调动员各方面力量共同推进教育现代化。建立健全党委统一领导、党政齐抓共管、部门各负其责的教育领导体制。建设高素质专业化教育系统干部队伍。加强各级各类学校党的领导和党的建设工作。深入推进教育系统全面从严治党、党风廉政建设和反腐败斗争。

二是完善教育现代化投入支撑体制。健全保证财政教育投入持续稳定增长的长效机制,确保财政一般公共预算教育支出逐年只增不减,确保按在校学生人数平均的一般公共预算教育支出逐年只增不减,保证国家财政性教育经费支出占国内生产总值的比例一般不低于4%。依法落实各级政府教育支出责任,完善多渠道教育经费筹措体制,完善国家、社会和受教育者合理分担非义务教育培养成本的机制,支持和规范社会力量兴办教育。优化教育经费使用结构,全面实施绩效管理,建立健全全覆盖全过程全方位的教育经费监管体系,全面提高经费使用效益。

三是完善落实机制。建立协同规划机制、健全跨部门统筹协调机制,建立教育发展监测评价机制和督导问责机制,全方位协同推进教育现代化,形成全社会关心、支持和主动参与教育现代化建设的良好氛围。

中共中央办公厅、国务院办公厅印发《加快推进教育现代化实施方案（2018—2022 年）》

新华社北京 2 月 23 日电　近日,中共中央办公厅、国务院办公厅印发了《加快推进教育现代化实施方案(2018—2022 年)》(以下简称《实施方案》),并发出通知,要求各地区各部门结合实际认真贯彻落实。

《实施方案》指出,今后 5 年加快推进教育现代化的指导思想是:以习近平新时代中国特色社会主义思想为指导,全面贯彻党的十九大和十九届二中、三中全会精神,以培养社会主义建设者和接班人为根本任务,以全面加强党对教育工作的领导为根本保证,以促进公平和提高质量为时代主题,围绕加快推进教育现代化这一主线,聚焦教育发展的战略性问题、紧迫性问题和人民群众关心的问题,统筹实施各类工程项目和行动计划,着力深化改革、激发活力,着力补齐短板、优化结构,更好发挥教育服务国计民生的作用,确保完成决胜全面建成小康社会教育目标任务,为推动高质量发展、实现2035年奋斗目标夯实基础。

《实施方案》提出了加快推进教育现代化的实施原则:立足当前,着眼长远;聚焦重点,带动全局;问题导向,改革创新;分区规划,分类推进。总体目标是:经过5年努力,全面实现各级各类教育普及目标,全面构建现代化教育制度体系,教育总体实力和国际影响力大幅提升。实现更高水平、更有质量的普及,教育改革发展成果更公平地惠及全体人民,教育服务经济社会发展的能力显著提高,社会关注的教育热点难点问题得到有效缓解,多样化可选择的优质教育资源更加丰富,人民群众受教育机会进一步扩大,学习大国建设取得重要进展。

《实施方案》提出了推进教育现代化的十项重点任务:

一是实施新时代立德树人工程。全面推动习近平新时代中国特色社会主义思想进教材进课堂进头脑,把习近平新时代中国特色社会主义思想贯穿课程教材建设全过程,把教材体系、教学体系有效转化为学生的知识体系、价值体系。增强中小学德育针对性实效性,从中小学生身心特点和思想实际出发改进德育方式方法,注重循序渐进、因材施教、潜移默化,开展喜闻乐见、入脑入心的德育活动。提升高等学校思想政治工作质量。将思想政治工作体系贯穿于学科体系、教学体系、教材体系、管理体系当中,深入构建一体化育人体系。大力加强体育美育劳动教育。加强劳动和实践育人,构建学科教学和校园文化相融合、家庭和社会相衔接的综合劳动、实践育人机制。

二是推进基础教育巩固提高。推进义务教育优质均衡发展,加快城乡义务教育一体化发展。推进学前教育普及普惠发展,健全学前教育管理机构和专业化管理队伍,加强幼儿园质量监管与业务指导。加快高中阶段教育普及攻坚,推动普通高中优质特色发展。保障特殊群体受教育权利,将进城务工人员随迁子女义务教育纳入城镇发展规划,加强对留守儿童的关爱保护,组织实施特殊教育提升计划。着力减轻中小学生过重课外负担,支持中小学校普遍开展课后服务工作。

三是深化职业教育产教融合。构建产业人才培养培训新体系,完善学历教育与培训并重的现代职业教育体系,推动教育教学改革与产业转型升级衔接配套。健全产教融合的办学体制机制,坚持面向市场、服务发展、促进就业的办学方向,优化专业结构设置,大力推进产教融合、校企合作,开展国家产教融合建设试点。建立健全职业教育制度标准,完善学校设置、专业教学、教师队伍、学生实习、经费投入、信息化建设等系列制度和标准,制定并落实职业院校生均拨款制度。建立国务院职业教育工作联席会议制度。

四是推进高等教育内涵发展。加快"双一流"建设,推动建设高等学校全面落实建设方案,研究建立中国特色"双一流"建设的综合评价体系。建设一流本科教育,深入实施"六卓越一拔尖"计划2.0,实施一流专业建设"双万计划",实施创新创业教育改革燎原计划、高等学校毕业生就业创业促进计划。提升研究生教育水平,完善产教融合的专业学位研究生培养模式、科教融合的学术学位研究生培养模式,加强紧缺高端复合人才培养。完善高等教育质量标准和监测评价体系。提升高等学校科学研究与创新服务能力,实施高等学校基础研究珠峰计划,建设一批前沿科学中心,支持高等学校建设一批重大科技基础设施,积极参与国家实验室建设。继续实施高等学校哲学社会科学繁荣计划。

五是全面加强新时代教师队伍建设。加强师德师风建设,把师德师风作为评价教师队伍素质的第一标准,实施师德师风建设工程。提高教师教育质量,实施教师教育振兴行动计划,大力培养高素质专业化中小学教师。深化教师管理制度改革,创新编制管理,修订高等学校、中小学和中职学校岗位设置管理指导意见,分类推进教师职称制度改革。保障教师工资待遇,健全中小学教师工资长效联动机制,核定绩效工资总量时统筹考虑当地公务员实际收入水平,实现与当地公务员工资收入同步调整,完善中小学教师绩效工资总量核定分配办法和内部分配办法。补强薄弱地区教师短板,深入实施乡村教师支持计划、银龄讲学计划、援藏援疆万名教师支教计划。

六是大力推进教育信息化。着力构建基于信息技术的新型教育教学模式、教育服务供给方式以及教育治理新模式。促进信息技术与教育教学深度融合,支持学校充分利用信息技术开展人才培养模式和教学方法改革,逐步实现信息化教与学应用师生全覆盖。创新信息时代教育治理新模式,开展大数据支撑下的教育治理能力优化行动,推动以互联网等信息化手段服务教育教学全过程。加快推进智慧教育创新发展,设立"智慧教育示范区",开展国家虚拟仿真实验教学项目等建设,实施人工智能助推教师队伍建设行动。构建"互联网+教育"支撑服务平台,深入推进"三通两平台"建设。

七是实施中西部教育振兴发展计划。坚决打赢教育脱贫攻坚战,以保障义务教育为核心,全面落实教育扶贫政策,稳步提升贫困地区教育基本公共服务水平。推进"三区三州"等深度贫困地区教育脱贫攻坚。补齐中西部教育发展短板,加快中西部地区义务教育学校标准化建设,全面改善贫困地区义务教育薄弱学校基本办学条件,支持中西部地区加快普及高中阶段教育,加快发展民族教育。提升中西部高等教育发展水平,继续实施中西部高等学校基础能力建设工程、东部高等学校对口支援西部高等学校计划,"部省合建"支持中西部地区 14 所高等学校发展。实施乡村振兴战略教育行动,大力发展现代农业职业教育,推进服务乡村振兴战略的高等农林教育改革,加快乡村振兴急需紧缺人才培养。

八是推进教育现代化区域创新试验。创新体制机制,探索新时代区域教育改革发展的新模式。高起点高标准规划发展雄安新区教育,优先发展高质量基础教育,加快发展现代职业教育,以新机制新模式建设雄安大学。深化粤港澳高等教育合作交流,促进教育资源特别是高等教育相关的人才、科技、信息等要素在粤港澳大湾区高效流动。构建长三角教育协作发展新格局,进一步加大区域内教育资源相互开放的力度,搭建各级各类教育协作发展与创新平台,实现资源优势互补和有序流动。促进海南教育创新发展,依托海南自由贸易试验区打造新时代教育全面深化改革开放的新标杆。

九是推进共建"一带一路"教育行动。加快培养高层次国际化人才,完善留学生回国创业就业政策,提高中外合作办学质量,完善中外合作办学准入和退出机制。加强与共建"一带一路"国家教育合作,建设"一带一路"教育资源信息服务综合平台,建立国际科教合作交流平台,实施高等学校科技创新服务"一带一路"倡议行动计划。深化与共建"一带一路"国家人文交流,大力支持中外民间交流,加强中外体育艺术等人文交流。优化孔子学院区域布局,加强孔子学院能力建设,全面提高办学水平。加大汉语国际教育工作力度。

十是深化重点领域教育综合改革。加快重点领域和关键环节改革步伐,为加快推进教育现代化提供制度支撑。积极稳妥推进考试招生制度改革,坚定高考改革方向,完善普通高中学业水平考试制度,进一步推进学术学位与专业学位硕士研究生分类考试,完善博士研究生"申请—考核"和直接攻博等选拔机制。完善民办教育分类管理,全面落实民办教育促进法,修订民办教育促进法实施条例,积极鼓励社会力量依法兴办教育,促进民办教育持续健康发展。加快构建终身学习制度体系,加强终身学习法律法规建设,搭建沟通各级各类教育、衔接多种学习成果的全民终身学习立交桥,加快发展社区教育、老年教育,深入推动学习型组织建设和学习型城市建设。深化教育领域放管服改革,深化简政放权、放管结合、优化服务改革,推进政府职能转变,构建政府、学校、社会之间的新型关系。推进学校治理现代化。

《实施方案》明确了推进教育现代化四个方面的保障措施:一是全面加强教育系统党的建设,不断提高教育系统党的建设质量，坚定不移推进全面从严治党向纵深发展。二是全面推进依法治教，加快完善教育法律制度体系，加快推进教育行政执法体制机制改革，建立健全教育系统法律顾问制度，加强学校法治工作，广泛深入开展青少年法治教育。三是完善教育经费投入和管理机制，健全财政教育投入机制，全面实施绩效管理。四是加强教育督导评估，有效发挥教育督导"督导评估、检查验收、质量监测"职能，保障教育事业优先优质发展。

《实施方案》最后强调，各级党委和政府要把思想和行动统一到党中央、国务院关于加快教育现代化、建设教育强国的重大部署上来，加强组织领导，结合地方实际制定本地区落实方案。各部门要主动履职尽责，确保实施方案确定的目标任务落到实处。国务院教育督导部门定期组织督导评估，压实落实责任。及时总结宣传典型经验和做法，凝聚全社会共同促进教育健康发展的共识，为新时代教育改革发展营造良好环境和氛围。

责任编辑:刘海静
责任校对:段雨菲

图书在版编目(CIP)数据

以教育现代化助力强国建设/学习时报编辑部 编. —
    北京:人民出版社,2020.6
ISBN 978 - 7 - 01 - 022168 - 7

Ⅰ.①以… Ⅱ.①学… Ⅲ.①教育现代化-研究-中国
  Ⅳ.①G52

中国版本图书馆 CIP 数据核字(2020)第 090002 号

以教育现代化助力强国建设

YI JIAOYU XIANDAIHUA ZHULI QIANGGUO JIANSHE

学习时报编辑部 编

人 民 出 版 社 出版发行
(100706 北京市东城区隆福寺街99号)

中煤(北京)印务有限公司印刷 新华书店经销

2020年6月第1版 2020年6月北京第1次印刷
开本:880毫米×1230毫米 1/32 印张:4.375
字数:88千字

ISBN 978 - 7 - 01 - 022168 - 7 定价:39.00 元

邮购地址 100706 北京市东城区隆福寺街99号
人民东方图书销售中心 电话 (010)65250042 65289539

版权所有·侵权必究
凡购买本社图书,如有印制质量问题,我社负责调换。
服务电话:(010)65250042